승무원 되는
항공 인터뷰
영어

Airline Interview English

Preface

승무원 되는 항공 인터뷰 영어를 집필하며……

하늘을 날면서 전세계의 다양한 사람을 만나고 그들을 위해서 일하며, '나는 한국 사람임'을 당당히 선양하고 싶은 젊은이들에게 이 책을 바칩니다.

승무원이라는 직업! 비행기라는 특수한 환경으로 매일매일 출근하고 싶은 열정이 있는 분들! 본 저서를 무수히 읽고, 추가된 영어 음원을 반복적으로 들으며 여러분의 미래를 꿈꾸고 설계하십시오.

본인도 지난 10년 이상 항공사에서 근무하며 다국적 사람들을 위해서 일하고, 다양한 각국의 사람들과 함께 일하며 다이나믹하고 역동적으로 젊은 시절을 보냈습니다. 승무원 생활을 활기로 꽉 채운 신나는 시간이었습니다.

많은 사람들이 국내·외 항공사를 꿈꾸고 있거나 준비함에도 불구하고 승무원이라는 꿈을 실현하지 못하고 좌절하는 경우가 많습니다, 그 주된 이유는 영어에 대한 울렁증, 기피현상, 자신감 결핍 등의 이유가 아닐까요? 국내 항공사에서는 한국어 면접과 함께 원어민과의 영어인터뷰라는 관문을 통과하여야 하고, 외국 항공사는 영어 개별 면접, 그룹토킹, 영어 에세이 쓰기 등으로 채용이 이루어집니다. 이를 대비해서 예비 승무원은 항공사와 면접관이 원하는 인터뷰에 대한 예상 질문과 답변을 준비해야만 합니다.

승무원 채용 시 영어 인터뷰에서는 원어민과 같은 유창한 영어 실력을 요하는 것은 아닙니다. 하지만 자신 있고 당당하게 자신의 의사를 표현할 수 있는 자신감과 서비스 마인드가 갖추어져 있는가의 여부를 보게 됩니다.

미래의 승무원 여러분! 지금 원어민처럼 영어를 구사하지 못해도 또 영어를 전혀 말하지 못한다 하여도 위축되지 마십시오. 영어는 '말' 이기에 누구나 할 수 있습니다. 단지 연습을 할 수 있는 시간과 노력이 필요합니다.

지금 승무원이라는 직업을 꿈꾸고 본 저서를 손에 들고 있다면 여러분은 이미 승무원이 되는 길에 올라선 것입니다!

이제 '승무원 되는 항공인터뷰영어'로 예상 질문을 짚어가면서 끊임없이 보고 듣고 연습하세요. 본 저서는 영어 인터뷰에 대한 답변뿐만 아니라 항공 서비스에 대한 기본 지식과 'Tip'을 통해서 면접관의 기대치에 흡족하게 답변하도록 콕! 집어서 'Know How'를 알려주고 있습니다.

본서는 Chapter 1: Introduction, Chapter 02: greeting & warm-ups, Chapter 03: self Introduction Chapter 04: About flight attendant jobs, Chapter 05: Reasons to be a fight attendant, Chapter 06: Job Experience, Chapter 07: School Life, Chapter 08: Hobbies and Interests, Chapter 09: Travel experience, Chapter 10: Airline Company, Chapter 11: About yourself, Chapter 12: Dealing with difficulties, Chapter 13: Role Plays, Chapter 14: In-flight Announcement, Chapter 15: Interview English Qwestions 입사 지원서의 모두 15장으로 구성이 되어져있습니다.

또한 본 저서의 영어답변을 한국어 면접에 대비하여, 다듬어진 한국어 번역을 통해서 영어뿐만 아니라 한국어 인터뷰에도 대비가 되도록 설계하였습니다.

특히 Chapter 15의 Ⅱ 항공사별 기출문제, Ⅲ 토론 및 개별 질문 기출문제(외국항공사 면접 질문)는 다년간 외국항공사의 면접에 나왔던 질문을 정리한 것으로 국내·외 항공사의 객실승무원 영어 면접을 준비하는 지원자들에게 어떠한 방향으로 준비해야 하는지에 대한 지름길을 보여 줄 것이다.

여러분! 영어 인터뷰는 여러분이 넘지 못할 장벽이 아닙니다. 본 저서를 통해서 영어에 대한 자신감을 가지고 상냥하고 밝은 미소와 자신 있는 답변으로 인터뷰에 임한다면 여러분은 몇 달 후 당당하게 하늘을 날고 있는 자신을 발견할 것입니다.

본서가 나오도록 항상 든든하게 후원해준 내 가족과 멀리 홍콩에서도 저자의 교육 활동을 항상 응원해주는 캐세이퍼시픽 항공 승무원들에게 감사의 마음을 전해드립니다.

2018년 봄
저자 유 정 선

Contents

Airline English Interview

Chapter 15 Interview English Qwestions ···································· 198

Chapter 01

Introduction

❖❖ 1. 항공사 별 채용 기준

1 캐세이 퍼시픽 항공 Cathay Pacific Airways (CX)

회사소개	아시아 경제의 중심인 홍콩에 베이스로 두고 있는 영국의 Swire Group 소속의 항공사, 100개 이상의 노선을 두고 있으며 세계 전역에 가장 많은 취항 지를 가지고 있는 아시아 항공사 중의 하나임.

채용절차	서류심사 ➡ 그룹영어면접 ➡ 그룹디스커션 ➡ 개별영어면접 ➡ 신체 정밀 검사
회사복지	주택 보조비 제공, 1년에 1회 무료 항공 티켓 및 무제한 할인 항공 티켓 제공, 연 21~30일 휴가, 임신 휴직 1년 가능, 임신 중 지상 직으로 이직 근무 가능, 가족 포함 의료 혜택 및 연금 혜택
회사특징	다양성과 독립심을 중요시 하는 회사, 긍정적이고, 서비스 마인드가 있는 사람, 고객 지향적이고 적극적인 자세를 지닌 사람을 선호, 영어 능력 중 · 상 이상, 동남아를 비롯한 12개국에서 승무원 채용, 한국인 승무원이 가장 많은 항공사 중의 하나임
채용시기	• 비정기 채용으로 필요 시 다수의 한국인 채용
지원자격	• 전문대 이상의 학력 • 만 18세 이상 나이 상한 없음 • 기혼자 가능 • Arm reach 208cm • 피부에 큰 흉터 등이 없는 깨끗한 피부

② 싱가포르 항공 Singapore Airlines (SQ)

회사소개	싱가포르 항공은 세계 최고의 서비스를 제공하여, 전세계 비즈니스 여행객들이 가장 선호 하는 항공사로서 지난 20년 동안 동남아의 항공사에서 세계 항공 업계의 선두 주자로 빠르게 발전하고 있다.
채용절차	서류심사 ➡ 비디오 인터뷰 온라인(Video Interview Online) ➡ 그룹 ➡ 개별 ➡ 수영 ➡ 티파티
채용시기	• 모집시기: 연 1회 • 모집 규모: 연 30~50명
지원자격	• 정규대(4년제 이상) • 만 24세 미만 • 영어 회화능통한자 • 교정 시력 1.0 이상 • 신장 최소 158cm 이상 • 싱가폴 체류 가능자
기타사항	• 채용 시 주안점: 사교성, 용모 중시, 태도, 인상 • 체류지: 싱가포르

③ 아랍 에미레이트 항공 Emirates (EK)

회사소개	세계에서 가장 빠르게 성장하고 있는 항공사로 두바이에 베이스를 두고 있으며, 1985년 설립된 이후로 끊임없는 혁신과 최상의 서비스로 250개 이상의 세계적인 관련상을 수상하였다. 현재 전 세계 60여 개국 100개 이상의 취항지로 운항하고 있다.
채용절차	서류전형 ➡ 비디오면접 ➡ Arm Rich ➡ Small Talk ➡ Writing Test ➡ Article Test ➡ Group Discussion
회사복지	두바이 내에 주택 제공, 무료 티켓 및 할인 티켓 제공, 연 30일 휴가

회사특징	• 세계에서 가장 많은 취항지를 가지고 있는 항공사 중 한 곳, 밝고 활달하고 건강한 이미지 선호, 중동, 아프리카, 유럽, 아시아 등의 다국적 승무원으로 채용, 영어 능력 중상 이상
	• 한국인 승무원은 채용된 후에 두바이에 체류함
채용시기	• 모집 시기: 1년에 1회 정도 한국인 승무원을 채용　• 모집 규모: 30~ 50명
지원자격	• 고졸이상　• 채용시 주안사항: 성격, 건강, 적극성　• 기혼자 가능　• Arm reach 212cm

4 필리핀 항공 Philippines Air (PH)

회사소개	1941년 3월 15일 처음 운항을 시작한 필리핀 항공은 44개의 국내선 네트워크를 구축하여 해변, 골프, 스쿠버 다이빙 등을 원하는 필리핀 여행객들에게 가장 편리한 스케줄을 제공한다.
채용절차	서류심사 ➔ 1차 그룹면접 ➔ 2차 개별 면접 ➔ 개인 / 공통질문 / 롤플레이
모집요강	• 모집시기: 비정기　• 모집 규모: 약간 명
지원자격	• 2년제 이상 대학 졸업자　• 나이제한 없음　• 신장 160cm 이상　• 교정 시력 1.0 이상
기타사항	• 채용 시 주안점: 성격, 협동심, 건강　• 체류지: 서울

5 카타르 항공 Qatar Air (QR)

회사소개	1993년 설립되어 카타르의 수도 도하에 베이스를 두고 있으며, 전 세계 100개 이상의 취항지로 운항, 최근에 한국 노선 증편으로 인해서 한국 승무원 채용 확대
채용절차	서류전형 ➔ Small talk ➔ Arm Rich ➔ English Interview ➔ Writing Test-Group Discussion ➔ Final Test
회사복지	주택 제공, 무료 항공 티켓 및 할인 항공 티켓 제공. 연 30일 정도 휴가
회사특징	중동 지역에 거주하는 회사중의 하나로써 보수적 성격의 항공사, 서양 승무원은 채용하지 않음 영어 능력 중상 이상, 밝고 활달하고 건강한 이미지 선호, 면접 시 깨끗한 피부와 치아를 중요하게 봄
채용시기	중동(도하) 체류 비정기적 한국인 승무원 채용

지원자격	• 나이 만21세 이상 • 고등학교졸업 이상 • 영어회화 및 작문가능 자 • Arm reach 212cm • 전공 제한 없으며, 해외결격 사유가 없는 분 • 긍정적인 마인드 소지자 • 고객서비스, 항공산업, 서비스업, 간호업무 경험자 우대 • 1차 인터뷰 면접 시, 국/영문 이력서에 사진부착 (포토샵 절대금지) • 2차 현지 면접관 인터뷰 시, 정면 전신사진 (포토샵 절대금지/면접 시 불이익 받을 수 있음)

6 타이항공 Thai Airways(TG)

회사소개	Smooth As Silk'(비단결처럼 부드러운)은 타이항공의 슬로건으로서 태국전통 실크의 부드럽고 화려한 이미지에 부합하고자 지속적으로 노력함. 타이항공의 운항이나 서비스 전반에 걸쳐서 좋은 이미지를 승객에게 주고 있는 항공사. • 국가: 태국 • 체류지: 방콕
자격요건	• 4년제 대학 졸업예정자 및 졸업 • 신장 160cm 이상 • 50m 시상 수영 가능한자 • 교정시력 1.0 이상
기타사항	• 채용 시 주안사항: 좋은 첫인상, 침착성, 용모중시, 영어실력
채용절차	서류전형 ➡ 그룹면접 ➡ 필기시험 ➡ 개별면접 ➡ 수영테스트(50m)

7 가루다 항공 Garuda Indonesia(GA)

회사소개	• 인도네시아 국영 항공사 • 인도네시아 정부가 지분을 100% 소유 하고 있는 국영항공사로 현재 가루다 인도네시아 항공과 자회사가 100여대 이상의 비행기로 30개의 국내선 그리고 24개의 국제선으로 매년 1000 만 명 이상의 승객들이 이용하고 있다.
채용절차	서류심사 ➡ 1차 그룹면접 ➡ 2차 그룹면접 ➡ 개별면접
채용시기	• 모집시기: 비정기 • 모집 규모: 약간 명
지원자격	• 2년제 대졸 및 졸업 예정자로서 영어에 능통 • 신장 160cm 이상 • 교정시력 1.0 이상 • 해외 여행에 결격 사유가 없는 자 • 남자는 군필 또는 면제자 • 인도네시아어 가능 자 우대

8 루프트한자 Lfthansa(LH)

회사소개	루프트한자 독일항공은 세계에서 가장 큰 10대 항공사 중에 하나임. 여객기의 평균 기령이 적은 편이고 세계에서 가장 신예 항공기를 보유하고 있음 • 해당국가: 독일　• 체류지: 프랑크푸르트
자격요건	• 신장 160 cm 이상　• 교정시력 1.0 이상　• 나이제한 없음
기타사항	• 채용 시 주인사항: 쾌활성, 성격, 협동심
채용절차	서류전형 ➡ 1차그룹면접 ➡ 2차그룹면접 ➡ 개인/공통질문, 롤플레이

9 KLM항공 (KL)

회사소개	세계 최초의 항공사로 1919년 전직조종사인 네덜란드인 알베르트프레스만과 은행가, 기업가들이 설립. 당시 여왕 빌헴미나가 회사명에 로열이라는 단어를 붙이는 것을 승인하여 지금까지 사용되고 있음. • 국가: 네덜란드　• 체류지: 서울
자격요건	• 신장 158cm 이상　• 2년제 이상 대학 졸업자　• 교정시력 1.0 이상
기타사항	• 채용 시 주인사항: 협동심, 인성, 어학능력
채용절차	서류전형 ➡ 1차그룹면접 ➡ 2차 그룹면접 ➡ 최종심층 면접

10 핀 에어 FINNAIR(AY)

회사소개	핀란드 최대의 항공 그룹으로 핀란드 항공과 여러 국내 항공사들이 국내·외 정기 여객수송서비스를 제공하며 계절에 따라 50여 편의 전세기 편을 운항하고 있다. 핀란드 정부가 55.8% 의 지분을 보유 하고 있다.
채용절차	서류전형 ➡ 1차 면접 ➡ 2차 면접 ➡ 필기+그룹 면접 ➡ 최종 면접
채용시기	• 모집시기: 비정기　• 모집 규모: 약간 명
자격요건	• 신장 160cm 이상　• 교정시력 0.7 이상　• 고졸이상　• 수영 40m 가능자

11 에어 프랑스 AIR FRANCE(AF)

회사소개	에어 프랑스는 1983년 7월 유럽 항공사로서는 최초로 유럽과 한국간의 정기 항로를 개설하였다. 특히, 1996년 10월 26일부터는 비행 시간이 서울-파리 왕복 시 3시간 45분 단축되어 승객들에게 더욱 빠르고 편리한 여행이 될 수 있게 하였다.
채용절차	서류전형 ➜ 1차 그룹면접 ➜ 2차 개별 면접(인터프리터)
채용시기	• 모집시기: 비정기 • 모집 규모: 약간 명
지원자격	• 4년제 이상 • 정규대 이상 • 불어통역 가능자
기타사항	• 불어 실력 중점, 서비스 정신 • 체류지: 서울

12 중국 동방 항공 China Eastern Air (MU)

회사소개	1954년 설립이후 중국 3대 민영 항공사임. 세계 최초의 항공연맹인 스카이덤케 14번째 정식 회원이 되었으며, 고객 만족을 최우선으로 하는 글로벌 항공사
채용절차	서류심사 ➜ 1차(그룹 면접) ➜ 2차 (그룹 면접) ➜ 최종면접
회사복지	무료 항공 티켓 및 할인 티켓 제공
회사특징	피부, 신장, 자세, 치아 등을 중요하게 봄. 여성스런 이미지 선호, 능통한 영어 실력보다 기본적인 회화 실력 가능 여부와 자신을 어필할 수 있는 능력을 봄. 항공사에 대한 사전 지식을 많이 물어봄. 미인 대회 출신 지원자 선호
채용시기	필요 시 비정기적으로 다수의 한국인 승무원 채용
지원자격	• 전문대졸 이상 및 졸업 예정자 • 만 30세까지 지원 가능(여) • 신장 162cm 이상 • 교정시력 1.0 이상 & 나안시력 0.1 이상 • TOEIC 550점 이상 • HSK 3급 이상 우대 또는 필수(오픽 IL이상)

13 중국 남방 항공 China Southern Airlines (CS)

회사소개	1988년 설립하였으며 중국과 전세계 각 주요 도시 운항함. 한국인 승무원 국내 거주
채용절차	서류심사 ➜ 1차 한국어 면접 ➜ 2차 영어 또는 중국어 면접 ➜ 최종면접

회사복지	무료 항공 티켓 및 할인 항공 티켓 제공
회사특징	피부, 신장, 자세, 치아 등을 중요하게 봄. 여성스런 이미지 선호, 능통한 영어 실력보다 기본적인 회화나 자신을 어필할 수 있는 능력을 봄. 항공사에 대한 사전 지식을 많이 물어봄.
채용시기	비정기적
지원자격	• 전문대졸 이상 • 신장 163cm 이상 175cm 이하 • 교정 시력 1.0 이상(나안시력 01 이상) • 영어 TOEIC 600점 이상 또는 중국어 HSK 4급 이상(기타 상응하는 어학 성적 보유) • HSK 인증 제출이 필수는 아니나 서류 지원 시에 인증 제출 했을 경우 가산됨 • 인터넷 접수 시에 자기 소개를 영어나 중국어로 작성 요구함 • 학업 성적이 우수하고 해외 여해에 결격 사유가 없는 자 • 본인, 가족 / 친지 중 범법 경력이 없는 자

14 에어차이나 Air china (CA)

회사소개	중국 국적 항공사로서 1988년에 설립, 2007년에 Star alliance의 멤버가 됨. 한국 승무원 서울 거주(한중 노선, 중국 국내선 근무)
체용절차	서류심사 ➡ 1차 면접 ➡ 건강검진 ➡ 2차 면접 ➡ 최종 합격자 발표 서류 접수 마감 후에 1차 면접 자 및 일자는 추후 공지 되며 개별 연락으로 진행
회사복지	무료 티켓 및 할인 티켓 제공
회사특징	중국어와 영어 회화 가능 자, TOEIC 550점 이상, HSK 5급 이상
채용시기	필요 시 한국 승무원 비정기적 채용
지원자격	• 4년제 대학 졸업자 및 졸업 예정자 • 신장 162cm • 교정 시력 1.0 이상 • 나이 제한: 상한 없음

15 드래곤 캐세이 항공 Dragon Cathay Air (KA)

회사소개	홍콩 베이스, 캐세이퍼시픽 항공 자회사 운항노선 : 코타키나발루, 푸켓, 필리핀, 베트남, 중국, 제주, 부산, 대만, 일본 등
채용절차	서류심사 ➡ 1차 면접 ➡ 2차(필기 시험) ➡ 3차(면접) ➡ 4차 (최종 면접)
회사복지	숙소 제공, 보너스 & 휴가비 지급, 가족 무료 / 할인 항공권, 의료보험, 국적 무관 승진 기회 부여

회사특징	영어 능통자(토익 600점 이상 or 토플 500 이상자)
채용시기	비정기적
지원자격	• 4년제 졸업자(졸업예정자 포함) • 만 19세부터 27세 사이 • Arm reach 208cm 이상 • 서비스 경력자 우대

16 에어 마카오 Air Macau (NX)

회사소개	1994년 9월 13일 설립되었으며 1995년 11월 9일 정식운항을 시작했다. 마카오를 기점으로 중국 내륙의 20여개의 도시와 6개의 인터라인 도시로 취항을 하고 있다.
채용절차	서류심사 → 그룹면접 → 필기테스트 → 에세이 / 집단토론 → 최종 면접
회사복지	숙소 제공, 보너스 & 휴가비 지급
회사특징	외향적이고 다양한 국적의 사람들과 교류할 수 있는 사교적이고 친화력이 있는 사람, 친근하고 밝은 미소를 소유한 자
채용시기	• 모집 시기: 비정기 • 모집 규모: 약간 명
지원자격	• 2년제 졸업 이상 • Arm reach 206cm 이상 • 교정시력 1.0 이상 • 영어 혹은 중국어로 의사 소통 가능 자(TOEIC 보다는 영어 회화 위주)
기타사항	• 체류지 : 마카오

17 대한 항공 Korean Air (KE)

회사소개	1969년 출범 이후 국내항공을 이끌어가는 대한 항공은 현재 여객 운송부분에서 세계 10위, 항공화물 운송 부분에서 1위를 차지하고 있는 글로벌 항공사이다.
지원자격	• 해외여행에 결격사유가 없고 병역필 또는 면제자 • 교정시력 1.0 이상인 자 • 기 졸업자 또는 0000년 2월 졸업예정자 • TOEIC 550점 또는 TOEIC Speaking LVL 6 또는 OPIc LVL IM 이상 취득한 자 (기준일로부터 2년 전 응시한 국내 시험에 한함)
전형절차	서류전형(인터넷) → 1차 면접 → 2차 면접 영어구술 → 체력/수영 → 3차면접 → 건강진단 → 최종합격

제출서류	• 어학성적표 원본 1부.
	• 최종학교 성적증명서 1부.
	• 졸업(예정) 또는 재학 증명서 1부.
	  – 석사 학위 이상 소지자는 대학 이상 전 학력 졸업 및 성적증명서 제출
	• 기타 자격증 사본 1부.
	  – 소지자에 한함

기타사항	• 국가 보훈 대상자는 관계 법령에 의거하여 우대 • 영어구술성적 우수자는 전형 시 우대 • 태권도, 검도, 유도, 합기도 등 무술 유단자는 전형시 우대 • 2년간 인턴으로 근무 후 소정의 심사를 거쳐 정규직으로 전환 가능

18 아시아나 항공 Asiana Airline (OZ)

회사소개	1988년 첫 취항을 시작한 아시아나 항공은 스타얼라이언스의 회원사다. 2016년 10월 기준 국내선 10개 도시 10개 노선, 국제선(여객) 24개국 76개 도시 89개 노선을 운항하고 있다.
채용절차 온라인입사지원	서류전형 ➔ 1차 실무자 면접 ➔ 2차 영어 구술 시험(2-면접관: 4-지원자), 임원 면접 ➔ 신체 검사 / 체력 검사 / 인성검사, 수영 테스트
회사특징	• 1년간 인턴 사원으로 근무 후에 소정의 심사를 거쳐서 정규직 승무원으로 전환 가능 • 체력 측정 시 수영은 자유형 25m 완영 조건임 • 임원 면접 시에 영어 구술 테스트와 인성검사 실시하며, 합격자에 한하여 체력 측정 및 건강 검진 실시
채용시기	상반기 & 후반기
지원자격	• 전문학사 이상 • 교정 시력 1.0 이상(시력 교정 후 3개월 경과) • 학업 성적이 우수하고 해외 여행에 결격 사유가 없는 지원자 • 국내 정기 TOEIC 성적을 소지한 자(기준: 2년 이내) • 영어 구술 성적표(TOEIC Speaking, GST, OPIC)는 소지자에 한하여 서류 접수 시 기재하며 성적 우수 자는 전형 시 우대함 • 남자의 경우 병역을 군필하였거나 면제된 자
제출서류	• 어학 성적표 원본 • 최종학교 졸업(예정) 증명서 • 졸업 예정 증명서 발급 불가시는 재학 증명서 대체 가능 • 성적 증명서(4.5 만점으로 환산) • 자격증 사본 • 경력 증명서 • 취업보호 대상자 증명 원(해당자) • 기타 입사 지원서에 기재한 내용을 증빙 할 수 있는 서류

| 참고사항 | • 1차 실무자 면접은 지원자가 선택한 응시지역 또는 당사자가 지정한 지역에서 실시함(서울/부산/광주)
• 2차 임원 면접 시 영어 구, 구술테스트 실시하며, 토익스피킹 레벨5 이상, OPIc IL등급 이상 성적 제출자는 구술테스트 면제(선택사항)
• 2차 임원 면접자에 한하여 체력측정/건강검진/인성검사
• 체력측정항목
  -배근력   - 윗몸일으키기
  -악력   - 유연성
  -수영(자유형 25m 완영) |

⑲ 티웨이 항공 t'way

회사소개	최초의 저비용 항공사인 한성 항공의 전신으로서 2010년 10월 취항하였고 국내 노선뿐만아니라 일본, 대만, 홍콩, 방콕 등의 동남아, 사이판, 괌 등 국제선 운항.
채용절차	온라인 입사지원 ➔ 서류전형 ➔ 1차 면접 ➔ 2차 면접 ➔ 수영 TEST ➔ 3차 면접 ➔ 신체 검사 ➔ 최종 합격 • 1차 면접: 8명씩 한 조로 이루어짐. 4명이 기내 방송문 읽기 테스트를 받는 동안 다른 4명이 장소를 이동해서 유연성 테스트를 받음. 한국어와 영어 방송문 읽기는 기본이며 일어와 중국어 방송문 읽기는 가능 자에 한해서 읽게 됨. 모두 30분 정도의 시간이 소요 됨 • 2차 면접: 8인이 1조로 이루어져 5명의 면접관에 의해 진행이 됨. 영어나 제2 외국어 능통자는 외국어로 능력을 발휘할 수 있는 기회가 많음
회사특징	고객들과 마음을 열고 소통 하며 세련된 서비스 정신을 가진 자
지원자격	• 2년제 대학 졸업 이상 • 제2 외국어(중국어 & 일본어)를 포함한 외국어 능력 우수자 우대 • 토익 600점 이상(접수 마감일 기준으로 2년 이내) 및 제2 외국어 능통자 우대(일어, 중국어) • 국가 보훈 대상자 및 장애인은 관련법에 의거우대 • 병역필 또는 면제자로 해외 여행에 결격 사유가 없는 자
제출서류	• 최종학교 졸업 증명서/졸업 예정 증명서 • 최종 학교 성적 증명서 • 자격증 사본 • 공인기관 발행 어학 성적 증명서 사본(원본 대조) • 취업 보호 대상자 증명원(해당자에 한함)
기타사항	• 근무지는 회사 사정에 따라 변경될 수 있음. • 인턴근무 1년 후 심사를 거쳐 정규직으로 전환

20 이스타 항공 EASTA JET

회사소개	아시아를 넘어 세계 최고의 초일류 항공사가 되겠다는 것이 이스타 항공의 꿈이며, 도전과 혁신으로 가치를 창조하는 기업 문화를 통해 이스타 항공의 꿈을 이루어 나가려는 저가 항공사이다. 2007년 설립.
채용절차	입사지원서 방문접수 → 서류전형 → 1차 실무자 면접 → 2차 임원 면접 → 건강진단 → 최종 합격 • 서류전형: 이스타 항공 채용사이트(http:// recruit.eastarjet.com) 에서 입사 지원서 다운로드 후에 작성하여서 1부를 출력해서 지원자가 본사나 제주지점 직접 방문 제출함 • 1차 면접: 입실 전에 수험표를 받고 신장을 측정하고 10 명의 지원자 와 3~4 명의 면접관에 의해서 면접이 이루어짐. 우선 한 명씩 돌아가면서 간단하게 자기 소개를 한 후에 공통 질문을 하고 선착순 몇 명에게 답할 기회가 주어진다. 영어로 질문을 할 수도 있다. • 2차 임원 면접: 5명이 한 조가 되어 3명의 면접관과 면접이 이루어짐. 돌아가면서 자기 소개를 하고 이력서와 자기 소개 위주로 개별 질문을 받게 된다. 일본어나 중국어 가능 자에게는 해당 언어로 답하기를 요구 할 수도 있다.
회사특징	이스타 항공 면접 시에 영어 인터뷰 시험은 따로 없지만 자기소개, 지원동기, 이스타 항공 소개 등에 대한 것을 영어로 말해 보도록 요구하는 경우도 있다.
지원자격	• 2년제 이상 • 토익 550점 이상 및 제 2 외국어 능통 자 우대(일어, 중국어) • 해외 여행에 결격 사유가 없는 자 • 영어 및 외국어 능력 우수자 우대(일어, 중국어, 러시아어 등 제2 외국어 회화 가능 자)

우대사항	• 어학능력 우수자
	  –중국어: HSK 4급 이상, TSC 3급 이상, HSK 회화 중급이상
	  –일본어: JPT 600점, JLPT 2급
	• 기타 개인적 특기 보유자

기타사항	• 근무지는 서울, 청주이며 숙소 및 출퇴근 교통은 별도로 제공되지 않음 • 약 10주~12주간 교육 실시 후 국내선 및 국제선 비행근무에 배치 • 인턴기간 중, 정규직 전환 후 학사일정 관계로 실습 및 근무에 차질이 없어야 함

21 제주 항공 Juju Air

회사소개	제주 항공은 ICAO(국제 민간 항공 기구) 안전 기준에 부합하는 완벽한 안전 관리 시스템을 구축하고 있으며, 저비용 경영을 통해 항공 요금을 낮추고, JOIN & JOY 서비스로 여행의 즐거움을 더하고 있으며, 저렴하지만 즐거운 여행사로 앞서 나가고 있다. 2005년 설립

채용절차	온라인 입사지원 ➔ 서류전형 ➔ 인적성검사 ➔ 1차 면접(실무) ➔ 2차 면접(임원) ➔ 신체검사 ➔ 임문교육
채용시기	• 모집시기: 비정기 • 모집 규모: 약간 명
지원자격	• 2년제 대학 졸업 이상 • 제2 외국어(중국어 & 일본어)를 포함한 외국어 능력 우수자 우대 • 토익 550점 이상인자(2년 이내의 국내 정기 시험 성적만 인정) 또는 TOEIC SPEAKING 5급(110점) 이상 • 중국어 특기자: 공통필수 +신 HSK 5급(180점) 또는 HSK 회화 중급 이상 • 일본어 특기자: 공통필수 + JLPT N2 또는 JPT 600점 이상 • 병역필 또는 면제 자로 해외 여행에 결격 사유가 없는 자 • 인턴 기간 최대 2년, 기간 종료 시점에 전환 평가 후 정규직 전환 실시

㉒ 진 에어 Jin Air

회사소개	최초의 저비용 항공사인 한성 항공의 전신으로서 지난 2008년 첫 취항하였고 국내 노선뿐만 아니라 국제선으로도 취항.
채용절차	온라인 입사지원 ➔ 서류전형 ➔ 1차 실무 면접 ➔ 2차 임원 면접(영어 구술 TEST) ➔ 건강진단 및 체력 TEST ➔ 최종 합격
회사특징	고객들과 마음을 열고 소통하며 세련된 서비스 정신을 가진 자
지원자격	• 2년제 대학 졸업 이상 • 해당 관련 자격증 소지자 우대 • 제 2 외국어(중국어 & 일본어)를 포함한 외국어 능력 우수자 우대 • 토익 550점 이상 및 제 2 외국어 능통 자 우대(일어, 중국어) • 국가 보훈 대상자 및 장애인은 관련법에 의거우대 • 병역필 또는 면제 자로 해외 여행에 결격 사유가 없는 자
제출서류	• 최종학교 졸업 증명서/졸업 예정 증명서 • 최종학교 성적 증명서 • 자격증 사본 • 공인기관발행 어학 성적 증명서 사본 (원본 대조) • 취업 보호 대상자 증명 원(해당자에 한함)
기타사항	• 근무지 서울 또는 부산 • 인턴기간 2년 후 소정의 심사후 정규직 전환

23 에어 부산 Air Busan

회사소개	부산 광역시와 부산을 대표하는 14개 기업. 그리고 아시아나 항공이 힘을 합쳐 부산과 함께 비상할 갈매기를 탄생시켰는데, 아시아의 도시 부산이 세계로 뻗어나갈 하늘 길을 열어줄 갈매기, 에어 부산이다. 2007년 설립.
채용절차	서류 전형 ➜ 1차 면접 ➜ 2차 면접 ➜ 체력 / 수영 / 신체검사 ➜ 최종합격
회사특징	고객들과 마음을 열고 소통하며 세련된 서비스 정신을 가진 자
지원자격	• 2년제 대학 졸업 이상 • 신입은 2년간 인턴 근무 후 소정의 심사를 거쳐 정규직 전환함
제출서류	• 최종학교 졸업 증명서/졸업 예정 증명서, 경력 증명서 • 최종학교 성적 증명서(4.5점 반점으로 환산) • 자격증 사본 • 공인기관 발행 어학 성적 증명서 사본 (원본 대조) ※ 제출 서류는 1차 면접 합격자에 한해 2차 면접 당일 제출
참고사항	• 모든 전형에서 증명사진 제출하지 않음 • 모든 전형과정은 부산에서 진행됨 • 체력측정항목: 악력, 배근력, 유연성, 지구력 • 수영: 자유형 25m 완영조건

24 에어 서울 Air Seoul

회사소개	에어서울은 2015년에 설립되어 '세계에서 가장 안전한 항공사'를 지향하는 항공사로서 에어서울이 펼치는 모든 비즈니스에서 가치판단의 최우선 순위를 '고객의 안전'으로 삼고 있음
자격요건	• 전문학사 이상 학력소지자(기졸업생 및 졸업예정자 포함) • 전공:제한없음 • 국내토익 성적(지원마감일 기준2년 이내)을 소지하신 분(필수) 　※ 어학성적 우수자 전형 시 우대 • 신체조건: 기내 안전 및 서비스 업무에 적합한 신체 조건을 갖춘 분 • 시력: 교정시력 1.0 이상 권장(라식 및 라섹 수술의 경우 3개월 이상 경과 권장) • 병역: 남자의 경우 병역필이나 면제된 분 • 영어 구술 성적표(TOEIC Speaking, GST 구술시험, OPIc)는 소지자에 한하여 기재하며 성적 우수자는 전형시 우대함 ※ 외국어의 경우 지원마감일 기준2년 이내 국내 정기시험 성적만 인정
전형절차	온라인입사지원 ➜ 서류전형 ➜ 1차 실무자면접 ➜ 2차 임원 면접 ➜ 건강검진, 체력측정, 인성검사 ➜ 최종(종합)합격자발표, 신원조회 ➜ 입사

제출서류	• 국문입사지원서(온라인작성) • 기타서류 　※ 어학성적표원본 　※ 최종학교 졸업(예정)증명서(편입한 경우 편입 전 학교 증명서 포함) 　※ 성적증명서(4.5 만점 기준) 　※ 자격증 사본 　※ 경력증명서 　※ 상기 서류 순서대로 합철. 1차 실무자 면접 합격자에 한하여 2차 임원 면접 시 제출함
참고사항	• 2차 임원면접에 합격자에 한하여 체력측정/건강검진/인성검사 실시 • 체력측정항목: 배근력, 악력, 윗몸 일으키기, 유연성

기타항공사

말레이시아 항공(MH), 스위스 항공, 팬 퍼시픽 항공, 에어아시아, 마카오 항공 등 그 외 외국 항공사에서 한국인 승무원 비정기적으로 채용

⁑ 2. 예비 승무원 서비스 매너 Training

표정 연출

심리학 연구에 의하면 면접 시의 처음 30초가 성공적으로 면접을 이끄는데 지대한 영향을 미치고 나머지 30초는 첫인상을 확인하는 과정이라고 한다.

승무원의 이미지로서는 밝은 표정, 단정한 몸가짐과 자세, 정중한 인사 표현, 상냥하고 바른 말씨 등을 떠올릴 수 있는데 면접에 임할 때도 이러한 승무원의 이미지가 자연스럽게 배어 나오도록 바른 자세로 임한다.

단 기간에 승무원의 긍정적인 이미지는 한 순간 만들어 지는 것이 아니기 때문에 평소에 공손한 말씨, 표정, 자세, 용모, 복장, 상식과 교양 등을 갖추기 위해서 승무원의 매너를 생활화 하는 노력을 기울이자.

첫 면접에서 호감 가는 표정 연출

밝고 환하며 건강한(bright and healthy), 누구라도 쉽게 접근할 수 있는(approachable), 편안하고 부드러운(comfortable and calm)인상을 갖도록 평소에 마음과 몸가짐을 훈련한다. 밝은 표정은 자신의 성격뿐만 아니라 생활에도 긍정적으로 영향을 미치기 때문에

밝은 표정을 가지려고 매사에 노력한다면 밝고 긍정적인 성격과 행동은 자연스럽게 나오게 된다.

❶ 강한 인상으로 첫만남을 각인 시키도록 노력해야 한다.

❷ 사소한 부분까지 신경 써서 면접관에게 긍정적인 부분이 많이 보여지도록 노력한다.

❸ 가능한 첫만남에서 자신의 장점만 부각 시키도록 노력한다.

생활에서의 훈련법

❶ 거울을 자주 보며 여러 가지로 웃는 표정 연기를 한다.

❷ 가장 자연스럽게 미소 짓는 연습을 한다.

❸ 입 꼬리를 살짝 올리는 연습을 한다.

❹ 미간을 찌푸리는 버릇이 있다면 펴고 웃는 연습을 많이 하자.
   (자주 웃어서 미간을 펴주자)

❺ 밝고 좋은 생각만 하자. 우선 자신의 생각과 생활을 긍정적으로 바꾸도록 하자. 기분 좋은 생각을 많이 하고 유머를 즐기며 마음의 여유를 갖도록 노력하자.

❻ 나의 롤 모델이 될 수 있는 얼굴 표정을 가진 사람의 사진을 가까이 놓고 수시로 보도록 하자. 승무원 면접 준비를 하는 사람은 승무원의 이상적인 표정을 하고 있는 사진을 가까이 하며 표정을 수시로 흉내 내어보자.

❼ 좋은 사람들과 많이 어울리자. 이를 위해 서비스 관련 직업을 갖거나 고객을 대하는 아르바이트를 하는 경험을 하면서 최선의 서비스를 제공하며 표정 관리 및 훈련을 할 수 있는 기회를 만들자.

❽ 실제 면접에서는 긴장하여 웃으면서 말한다는 것이 누구에게나 어려운 상황이 되므로 수시로 거울을 보면서 미소 짓거나 웃으면서 말하는 연습을 하자.

Practice
Smile Practice 위ˇ스ˇ키

위ˇ스ˇ키ˇ	➔ 한 글자 한 글자씩 끊어서 읽는다.
위ˇ	➔ 위~이 를 발음 하되 입술을 모아서 위~ 라고 하면서 이~에서 멈춘다.
스ˇ	➔ 입술의 양끝을 당기며 스~를 짧게 발음한다.
키~	➔ 입술의 양끝을 강하게 당기며 키~의 입 모양을 5초 정도 유지한다.

★ 이때 눈의 모양도 입 모양처럼 만드는 느낌으로 유지한다.
★ 이때에 입을 다문 채로 있지 말고 치아가 가장 많이 보이게 활짝 웃으며 위ˇ스ˇ키를 연출한다.

❖ 3. 인터뷰 매너 연습 - 서 있는 자세 연습

> 면접에 임하는 사람들은 면접장에 들어와서 서 있는 자세가 첫 인상에 상당한 영향을 미치며 면접의 당락을 지을 수도 있다. 면접 시에는 서 있는 자세와 더불어 시선의 처리도 상당히 중요하다. 눈을 이리 저리 굴리는 행동, 손을 만지작거리는 행동, 손가락을 까닥이는 행동 등은 삼가고 서 있는 자세 시에 다리가 벌어지거나 허리를 구부정하게 하는 행동은 하지 않도록 하자. 미소를 머금고 최대한 오래 바르게 서 있는 자세를 면접에 임하기 전에 오랜 기간 연습하여 몸에 배이도록 하자.

면접 시에 서 있는 자세의 훈련

❶ 발꿈치를 붙이고 V자 형태로 발 모양을 하되 시계 방향으로 11시 5분을 가리키도록 한다. 이때 몸의 무게를 엄지 발가락 쪽에 실리도록 한다. 만일 오래 서서 대기 해야 하는 상황이면 V자 발 모양이 좀 경직되어 보일 수 있으니 한발을 뒤로 약간 끌어 당겨 발 중앙이 반대 발의 뒤꿈치에 오도록 한다.

❷ 머리, 어깨 등이 일직선이 되도록 허리를 펴고 등이나 어깨의 힘을 뺀다. 머리나 어깨는 좌우 한쪽으로 치우 치지 않도록 하고 바닥과 수평을 유지 하도록 한다.

❸ 오른손이 자연스럽게 위로 가게 하고 자연스럽게 모은 후에 배꼽에서 약간 내려온 5cm 밑에 둔다. 이때 겨드랑이 쪽으로 가까이 팔을 자연스럽게 붙여준다.

❹ 이때 아랫배에 힘을 주고 엉덩이를 약간 위로 올린다는 느낌으로 서 있는다.

❺ 눈동자는 굴리거나 초조해서 흔들리지 않도록 하고, 정면 쪽을 향하고 턱은 내밀지 말고 잡아 당겨서 지면과 수평인 느낌을 유지한다.

❻ 이때 입과 눈의 모양은 위˅스˅키 스마일 모양이 유지 되도록 한다. 다른 응시자가 면접 시 대기 할 때는 치아가 살짝 보이게 하고 위˅스˅키 스마일을 짓고, 본인의 면접 시에는 치아가 더욱 활짝 보이도록 더 크게 위˅스˅키 스마일을 짓는다. 시종일관 크게 위˅스˅키 스마일을 짓고 있는 것은 어색할 수 있으니 수위를 조절하도록 하자.

❖ 4. 인터뷰 매너 연습 - 인사의 연습

인사는 상대방에게 존경심의 표현이다. 누가 먼저라고 할 것 없이 인사는 친근감의 표현이니 먼저 솔선해서 하도록 하자. 인사를 제대로 잘 할 수 있도록 평소에 연습을 해두자. 허리의 각도에 따라서 인사의 표현이 달라진다.

❶ 15도 인사 : 목례 라고 하며 좁은 장소에서 주로 이루어진다.

❷ 30도 인사 : 보통 일상 생활에서 이루어지는 보통례 라고 하며 면접 시에는 보통례인 30도 인사를 하도록 한다.

❸ 45도 인사 : 정중례 라고 하며 감사함이나 사과 또는 미안함을 표시하는 인사이다.

🎤 인사의 단계

❶ 여성은 오른손이 위로 가게 한다(남성은 왼손이 위로가게 함), 이때 손가락은 왼손의 엄지와 인지 사이에 가도록 끼운다.

❷ 손은 배꼽아래 5cm에 놓는다.

❸ 인사 시에 손이 자연스럽게 내려오게 한다.
(항공사 등의 승무원 면접 시에는 손이 배꼽 아래에 자연스럽게 머물러도 됨)

❹ 발은 뒤꿈치를 붙이고 11시 5분으로 앞부분을 벌린다.

❺ 이때 시선은 상대에게 맞추고 등과 목을 펴고 목을 숙이지 말고 허리를 숙여서 인사한다.

❻ 허리가 내려간 상태에서 시선은 자연스럽게 상대방의 눈을 응시한 후 전방 1.5미터 정도 바라본다. (본인의 발을 보지 말기)

❼ 머리, 등 허리가 일직선이 되게 하되 30도 정도 상체를 굽히고 고개를 숙이지 않도록 한다. 허리로 인사를 하여야 한다.

❽ 절도 있게 한번에 상체가 내려가며 하나! 에 숙이고, 숙인 상태에서 둘! 을 세며 머물고 셋! 넷! 을 천천히 세며 허리를 편다. 너무 성급하게 올라 오지 않도록 한다.

❾ 허리가 수직으로 돌아와서는 시선은 다시 상대방의 눈을 맞추도록 한다.

❿ 인사한 후에는 신뢰와 친근감을 표시했으니 더 환하게 위ˇ스ˇ키 미소를 짓도록 한다.

❖ 5. 성공을 위한 영어 면접

사전에 면접 노트를 미리 준비해서 면접관의 질문 별로 차례대로 답변을 적는다. 빈칸을 많이 남겨서 추가 시 하나씩 더 적어 나가고 꼬리를 무는 질문에 대한 답을 적어 놓는다.

예상 질문에 대한 답변을 연습하자 Practice expected questions

영어 면접은 기존의 기출 문제의 범주에서 크게 벗어나지 않는다.

① 주로 회사에 관한 질문(about the airline company)
② 승무원 업무에 관한 서비스(about the flight attendant job)
③ 본인에 관한 개인 질문들(personal questions).

자연스러운 대화를 연습하도록 하자 Practice a natural conversation

처음에는 작문한 대답을 외우도록 한다. 반복적으로 영어 발음을 듣고 인토네이션, 억양, 강세까지 흉내 내면서 외우는 것이 좋으며 항상 거울을 보면서 상대방의 눈을 맞춘다는 기분으로 미소 지으면서 면접에 답변하는 연습을 한다.

간단 명료하게 답변하자 Respond simply and clearly

답변은 간결하고 정확한 표현을 사용 하도록 한다. 어려운 단어 사용을 피하고 본인이 발음하기 가장 적당한 단어를 선택하여 명확하게 말하는 연습을 하도록 한다. 한국 말과는 달리 답변을 먼저하고 답변에 대한 부연 설명을 하도록 한다. 혹시, 질문을 못 알아 들었을 때에는 준비한 다른 답변으로 둘러대지 말고 다시 양해를 구한 후에 물어 면접관의 질문의 요점에 맞는 정확한 답변을 하도록 한다.

 Tips 면접관과 의사 소통이 얼마나 잘되는지가 관건이다.

대화를 주도해 나가자 Lead

면접에 임하는 사람은 면접을 주도 해야만 한다. 면접에서 연결되는 질문을 예상하고 자연스럽고 신속하게 답변한다. 긴장하기 보다는 자신감을 가지고 화기애애한 분위기를 만들기 위해서 노력한다. 미소를 지으며 마음의 여유를 가지고 인터뷰를 즐긴다는 생각으로 흥미롭게 진행 하도록 노력한다.

🎙️ 입실과 동시에 How are you? 라고 먼저 인사를 건낸다.

Key words and expressions

☀ 질문을 알아 듣지 못했을 때의 표현법

Pardon me? I beg your pardon?

죄송하지만 다시 한번 말씀해 주시겠어요?

I am afraid that I don't quite understand it. Would you please repeat for me?

죄송하지만 제가 이해를 하지 못했습니다. 다시 한번만 말씀해 주시겠습니까?

I'm afraid I didn't catch your point, could you explain it one more time?

죄송하지만 당신이 말한 요점을 이해하지 못했습니다. 한번만 더 설명해 주시겠습니까?

Would you mind repeating for me?

죄송하지만 한번만 더 반복해 주시겠습니까?

☀ 답변이 어려운 질문을 받았을 때

무표정한 표정이나 당황한 표정으로 있지 말고 무언가 말을 꺼내도록 하자.

Hmm…… 혹은 let me think. Would you please give me a second to think about the answer?

음… 생각해 볼게요. 그 답변에 대해서 생각해 볼 수 있도록 잠시만 시간을 주시겠습니까?

☀ 그 후에도 답변이 준비가 되지 않았을 경우의 표현들

I am sorry I couldn't reply to your question right away. Could you please give me another chance to reply?

죄송하지만 지금 질문에 답변을 할 수가 없습니다. 답변을 할 수 있는 기회를 한번만 더 주시겠습니까?

☀ **감사하다는 말을 자주 사용하여 정중함을 표현한다.**

Thank you for everything.

모든 것에 감사 드립니다.

Thank you for making me relaxed.

긴장을 풀게 해 주셔서 감사합니다.

Thank you for giving me this interview chance,

저에게 이 면접 기회를 주셔서 감사 합니다.

Thank you for your warm welcome

다정하게 맞아 주셔서 감사합니다.

Role play/Real scenario questions   일부 항공사 면접 시험 시, 미래에 승무원이 되었을 때의 가상의 상황에 대한 대처능력을 알아 보기 위해서 롤 플레이 평가(시나리오 지문)를 한다.

✖ 6. 인터뷰 노하우

🎙 면접관이 보는 기준

❶ 작은 일이라도 책임감을 갖고 완수 하려는 자세를 중요하게 본다.

❷ 매사에 최선을 다하는 성실성을 본다.

❸ 조직 내에서 상호 조화를 통한 근무가 가능 한지에 대한 조직 적응력 유무를 본다.

❹ 주목을 받으려 하는 화려한 스타보다는 묵묵히 일하면서 팀 워크를 중요시 하는 스타일을 선호한다.

❺ 과도한 충성심을 보다는 합리적인 문제 해결 방향을 본다.

❻ 무조건적인 희생과 인내의 협조가 아니라 상대를 먼저 배려하고, 때로는 리더가 될 수 있다는 강인한 개성이 합치된 인재상을 원한다.

❼ 항상 팀원들과 원만히 지낼 사람을 원하고, 혼자서만 행동하는 구성원은 팀에서 배제 되게 된다.

❽ 일에 대한 책임감, 업무와 직장에 대한 적응력, 인내력 등 근무 태도 전반을 파악하려 한다.

❾ 직장인으로서 바람직한 직업관을 가지고, 업무에 있어서 전문인답게 일할 수 있다는 의지를 가지고 있는지를 본다.

❿ 취업을 해야겠다는 강박관념 보다는 준비 되어 있고 빛나는 눈빛을 가지고 여유 있는 마음을 가진 사람을 찾는다.

✷ 7. 일에 대한 가치관

면접에서 가장 일반적으로 나오는 질문은 일에 대한 가치관이라고 할 수가 있다. 일에 대한 면접자의 비전 포부에 대한 질문이 주어지면 능력의 유무와 관계 없이 회사와 일에 갖는 비전과 포부를 밝힌다.

❶ 왜 이 일을 하고자 하는가?

❷ 왜 이 회사에 지원 했는가?

❸ 승무원의 역할은 무엇이라고 생각하는가?

❹ 승무원이 되기 위해서, 또는 인터뷰를 위해 어떠한 준비를 해왔는가?

❺ 많은 지원자들 중에 왜 본인을 채용 해야 하는가?

❻ 승무원의 장단점, 혹은 승무원 직업에 있어서 좋아하는 점, 싫어하는 점은 어떤 한 것이 있는가?

추상적인 답변보다는 구체적이고 현실적인 지원 동기를 피력한다. 본인의 삶을 통해 이루고자 하는 꿈, 직무를 수행하면서 어떠한 어려움이라도 감당 할 수 있다는 자신감과 열정을 보여주는 것이 중요하다.

일에 대한 개인의 가치관은 다른 지원자와 차별화하여 면접관에게나 자신을 어필할 수 있는 기회임으로 지원동기를 명확, 간결하게 대답하자.

과거에 응시 경험이 있는 사람에게는 불합격의 원인을 물어보는 경우가 많다. 이때는 솔직 담백하게 객관적인 평가를 말하되, 너무 많은 것이 부족했기 때문에 떨어졌다는 단점만 부각 시키지 말고, 누구에게나 해당될 수 있는 이유로 떨어졌다는 것을 표명하고 능력 향상을 위해서 어떻게 노력 했는지 피력하자.

예를 들어서 지난번에는 너무 긴장했다 라든가 처음이어서 예상 질문을 준비하지 못했다 라든가 하는 일반적인 이유를 들도록 하자.

승무원은 예측 불허한 다양한 상황에 대처하기 위해서 적극적인 서비스 마인드가 필요하다. 특히 면접관은 책임감이 있는지, 일을 맡겨도 될 것인지, 주어진 일을 끝까지 성실하게 해나갈 성실성이 있는지를 주요 자질로서 평가한다. 또한, 기내 서비스 수행 시에 동료간 의 협조는 승객들에게 편안함과 안전에 중요한 역할을 한다. 따라서 적극적으로 나의 성 향과 자질을 피력하도록 하자.

❖ 8. 지원항공사에 대한 질문 About the airline company

면접에 임하기 전 가장 기본적인 준비사항 중의 하나로 사전에 해당 항공사 설립 연도, 취 항지 수와 주요 도시 이름, 최근의 회사의 변화, 회사의 목표, 회사의 지향하는 목표, 회사 이미지, 좋은 점, 보안 필요성이 있는 점 등을 사전 조사한다.

항공, 관광 계열의 학과를 전공했다 해도 항공 전문 지식을 모두 습득했다고 보지는 않 는다. 하지만 지원자 자신이 지원 항공사 동향, 항공 관련 상식, 항공업계 뉴스 등에 대해 어느 정도 알고 있는지는 해당 항공사나 일에 대한 열정으로 평가가 된다.

다음과 같은 질문들이 주어질 수 있다.

❶ 최근 우리 항공사에 대한 새로운 소식을 들은 적이 있습니까?

❷ 우리 항공사의 차별화된 서비스는 무엇입니까?

❸ 우리 항공사의 취항 지에 대해서 알고 있습니까?

❹ 최근에 우리 항공사가 취항한 도시는 어디인지 알고 있습니까?

❺ 우리 항공사는 어떤 항공사라고 생각 하는지 말해 줄 수 있습니까?

❖ 9. 예상치 못한 질문들

면접관은 예상하지 못한 의외의 질문을 던진다. 이는 지원자의 위기 대처 능력과 순발력 을 보기 위해서이다. 지원자가 보지도, 생각해보지도 못한 질문을 던진다.

질문에 대한 답변을 어떻게 풀어 나가는지 순발력이나 위기 대처 능력을 보기 위한 것으로 정답이 없는 만큼 당황하지 말고, 질문의 의도를 파악하여 단순, 명료하게 자신의 생각을 답변한다. 예를 들면 승무원의 직업 이외에 다른 직업을 생각해 본 적이 있는가?, 어떤 이유로 당신을 채용해야 하는가?, 혹은 이번에 채용이 되지 않으면 다음 기회에 또 도전을 하겠는가? 등의 당황스러운 질문을 던져서 순간 대응 능력을 평가 하기도 한다.

지원자의 관심 정도를 알기 위해서 정치, 경제, 문화, 시사, 방송, 신문에 대한 질문을 하기도 한다.

면접 시에는 현재 이슈가 되고 있는 뉴스에 대한 자신의 견해를 정리해 둘 필요가 있다.

마지막으로 면접관이 "Is there anything you want to ask? (물어 볼 말이 있습니까?) 라고 물었을 때 no 라는 답변보다 "May I ask you something?"(제가 어떤 것을 물어 봐도 되겠습니까?) 라는 말로 궁금한 점을 미리 생각해 놓았다가 물어 보도록 한다.

Chapter 02

Greetings & warm-ups

∷ Basic Questions

Can I ask your name?

Can I have your name and number, please?
당신의 이름과 응시 번호가 어떻게 됩니까?

Do you have any meaning of your name?

What is the meaning of your name?
당신 이름에 어떠한 의미가 있습니까?

How do you feel now?

How are you today?
오늘 기분이 어떠세요?

Did you sleep well last night?
어제 잘 잤습니까?

What time did you go to bed last night?
어제 몇 시에 잠자리에 들었습니까?

What time did you get up this morning?
오늘 아침 몇 시에 일어났습니까?

What time is it now?

지금 몇 시 입니까?

Where do you live now?

지금 사는 곳이 어디입니까?

Where were you born?

어디에서 태어났습니까?

Could you tell me about your home town?

당신의 고향에 대해서 말해 주시겠습니까?

How did you get here and how long did it take?

이곳에 어떻게 왔고 얼마나 걸렸습니까?

Did you have any difficulty finding this place?

이 장소를 찾는데 어려움이 있었습니까?

When were you born?

언제 태어났습니까?

What date is it?

오늘 날짜가 어떻게 됩니까?

What day is it, today?

오늘은 무슨 요일입니까?

What's the weather today?

오늘 날씨가 어때요?

What did your parents or family say to you today?

오늘 당신의 부모님이나 식구들은 당신에게 무슨 말을 하였습니까?

Did you have breakfast today?

아침을 먹었습니까?

What did you have for breakfast?

아침으로 무엇을 먹었습니까?

Who did you eat with?

누구와 함께 식사했습니까?

Please tell me about your physical status; height, weight, or eyesight?

당신의 신체 조건; 신장, 몸무게, 시력을 말해 주세요.

What did you do before you came in today?

오늘 이곳에 오기 전에 무엇을 하였습니까?

That's all the questions I have for you. Do you have any questions or something to add up?

이상이 모든 질문입니다. 추가로 물어보고 싶은 사항이나 덧붙일 사항이 있습니까?

Can I ask your name?

당신의 이름은 무엇입니까?

Can I have your name and application number, please?

당신의 이름과 응시 번호를 알 수 있습니까?

Yes, my name is Yoo Sun- Hee. My application number is ○○○ My parents named me after my grandmother.

네, 저는 유선희입니다. 저의 응시 번호는 OOO 입니다. 저의 부모님은 할머니의 이름을 따라서 저의 이름을 지어 주셨습니다.

My name is Kim Jeong Soo. However, You can call me Sunny. My foreign friends like to call me Sunny because it is easy to remember and expresses my bright characteristics by itself.

저의 이름은 김정수입니다. 하지만 저를 Sunny로 부르셔도 됩니다. 저의 외국친구들은 저를 Sunny로 부르기를 좋아하는데 왜냐하면 외우기 쉽고 이름 자체로 저의 밝은 성격을 잘 표현하기 때문입니다.

Sure, my name is Eunyoung Kim and my English name is Iris. You can just call me Iris. I've got my English name, since I was at the kindergarten.

예, 제 이름은 김은영입니다. 저의 영어 이름은 아이리스입니다. 저를 아이리스로 부르셔도 됩니다. 저는 영어 이름을 유치원 때에 얻게 되었습니다.

✏ Write by yourself

_____

_____

_____

_____

Q2

Do you have any meaning of your name?

What is the meaning of your name?

당신 이름에 어떤 의미가 있습니까?

Example 1

My name is Choi Seon Young and my name was given to me by my grandparents. 'Seon' means kindness and goodness while 'Young' means a flower root. They gave me this name hoping that I would grow up to live up to my name.

제 이름은 최선영이고 조부모님께서 지어 주셨습니다. '선'은 친절과 착함을 의미하고, '영'은 꽃의 뿌리를 의미합니다. 그들은 제가 이름의 의미를 닮아가며 자라기를 희망하면서 이름을 지어 주셨습니다.

Example 2

Yes, my name is Eunjee Kim. When I translate my korean name into chinese letters, it means 'gracious land'. My parents named it and I like the meaning of my name. I wish I would live like the meaning of my name..

예, 저의 이름은 김은지입니다. 저의 한국이름을 중국 글자로 번역하였을 때, 영예로운 땅입니다. 저의 부모님께서 지어주셨고 저는 저의 이름의 의미를 좋아합니다. 저는 제 이름의 의미처럼 살기를 원합니다.

 Write by yourself

_____

_____

_____

Q3

How do you feel now?

How are you today?

오늘 기분이 어떠세요?

Pretty good. Thanks and you?

아주 좋아요. 감사합니다. 당신은 어때요?

It couldn't be better and what about you?

좋아요 당신은 어떠세요?

I'm so excited to be here today. How about you?

저는 오늘 이 자리에 있게 되어서 상당히 기쁩니다. 당신은 어때요?

I am a little nervous. But thank you for giving me the chance to have this interview.

저는 약간 긴장이 됩니다. 하지만 이 면접 기회를 주셔서 감사합니다.

I'm so excited about this interview, though little nervous. But I'll do my best today.

저는 이번 인터뷰에 약간 긴장되지만 흥분이 됩니다. 저는 최선을 다할 것입니다.

 Write by yourself

_____

_____

_____

 Key words and expressions

☀ **본인의 기분이나 상태 표현**

I'm pleased to meet you	I'm happy to meet you
I'm excited to meet you	I'm glad to meet you
I'm delighted to meet you.	I'm honored to meet you

저는 당신을 만나서 기쁩니다.

I'm pleased to be here.   I'm happy to be here

I'm excited to be here   I'm glad to be here

I'm delighted to be here.

이 자리에 있게 되어서 기쁩니다.

I'm honored to be here

이 자리에 있게 되어서 영광입니다.

☀ 감사함을 표현

Thank you for asking me

저에게 물어봐 주셔서 감사합니다.

Thank you for listening

들어 주셔서 감사합니다.

Thank you for understanding

이해해 주셔서 감사합니다.

Thank you for making me very comfortable

저를 편안하게 해주셔서 감사합니다.

Thank you for spending time with me.

저와 함께 시간을 보내 주셔서 감사합니다.

Q4

Did you sleep well last night?

Did you get a good night's sleep?

어제 밤에 잠은 잘 잤습니까?

What time did you go to bed last night?

어제 밤에 몇 시에 잠자리에 들었습니까?

Yes, I slept very well last night.

네, 지난 밤 아주 잘 잤습니다.

I had a good sleep last night.

지난밤 잘 잤습니다.

Yes, I slept very well and had a dream of being a flight attendant of your airline.

네, 매우 잘 잤습니다 그리고 지난밤 귀 항공사의 승무원이 되는 꿈을 꾸었습니다.

I was a bit nervous but I went to bed early and tried to have a good sleep.

저는 약간 긴장이 되었으나 잠자리에 일찍 들어서 잘 자려고 노력하였습니다.

Yes, I went to bed early and tried to have a good sleep, though I was a bit nervous.

에, 저는 일찍 잠자리에 들어서 약간 긴장이 되었지만 숙면하려고 노력하였습니다.

I managed to have a good sleep and woke up early with a fresh mind.

저는 잠을 잘 잘수 있었으며 밝은 기운으로 일찍 일어났습니다.

📝 Write by yourself

_____

_____

_____

_____

_____

_____

_____

What time did you get up this morning?

오늘 아침 몇 시에 일어났습니까?

긴장을 풀어 주기 위한 질문이자 상대방이 규칙적인 생활을 하고 자기 관리를 잘 하는지를 알아보기 위한 가벼운 질문이다.

Example 1

I got up very early because I wanted to make sure I was well prepared today. It also took me a long time to get here so I had to leave my home early. I really didn't want to be late.

오늘을 위한 준비가 잘 되었는지를 확실하게 하기 위해서 아침 일찍 일어났습니다. 또한 여기까지 오는 데에 오래 걸려서 아침에 일찍 집을 나서야 했습니다. 늦는 것을 원하지 않았습니다.

Example 2

I woke up at about 5 a. m. this morning. I allowed myself to prepare this interview. Also I left my home very early since I didn't want to be late for this interview.

오늘아침 5시에 일어났습니다. 오늘 인터뷰를 준비하려고 하였습니다. 또한, 인터뷰에 늦기를 원하지 않았기 때문에 매우 일찍 집을 떠났습니다.

 Write by yourself

What time is it now?

What time do you have?

지금 몇 시 입니까?

Example 1

4:05 a.m. : four-o-five a.m

9:10 a.m. : nine ten a.m.

8:15 p.m. : eight fifteen p.m.

7:45 p.m : seven forty-five p.m

11시 15분 : quarter after eleven

10시 15분전: quarter of(to) eleven

5시 30분: half after five, thirty minutes past five

2시 30분: half after two, thirty minutes past two

Example 2

It's half past ten

현재 10시 30분입니다.

It's 8:20.

현재 8시 20분입니다.

It's 10 past 10

현재 10시 10분입니다.

It's quarter to (of) 11….

현재 11시 15분전입니다.

 Write by yourself

Q7

Where do you live now?

What is your present address?

현재 사는 곳이 어디입니까?

Where are you from?

당신의 출신지(고향)가 어디입니까?

Tips

단순히 어디에 사는지에 대한 질문으로 볼 수 있지만 단답형으로 도시 이름을 말하지 말고 지역에 대한 추가 정보나 살고 있는 지역에 대해 간단하게 소개할 수 있도록 준비를 하자.

Ex I live in Daejeon with my family. I've been living there since my middle school days.
(I have lived in Busan since I was a little kid.)

Example 1

I have lived in Seoul since I was born.

저는 태어난 이래로 서울에 살고 있습니다.

I currently live near Hoehyeon station in Seoul. It is a great location because I can go to any spots in Seoul conveniently by bus or subway.

I go to school in Myeong-dong near Hoehyeon. Also, Hoehyeon is a convenient place because I can directly take the subway or can walk to school. It only takes me about half an hour.

저는 서울의 '회현 역' 근처에 살고 있습니다. 그곳은 서울의 어느 곳으로나 편리하게 지하철을 탈 수 있고 많은 버스가 있기 때문에 매우 좋은 장소입니다. 저는 '회현' 근처 명동에 있는 학교에 다닙니다. 또한 저희 학교로 지하철을 타거나 학교로 걸어 갈 수가 있기 때문에 편리한 장소입니다. 약 30분 정도 밖에 걸리지 않습니다.

I've lived in Sejong city for about three years.

I really like my living place since there are a lot of beautiful landscape, convenient facilities, and shopping districts.

Also it is a very secured city center with a huge government complex. I highly recommend you to visit this brand new city.

저는 3년 동안 세종 시에 살고 있습니다. 여기에는 아름다운 자연경관과 편의시설들, 그리고 쇼핑거리가 잇기 때문에 저는 제가 사는 곳을 정말 좋아합니다.

대규모의 정부 청사가 있기에 아주 안전한 도시 중심입니다. 저는 새로운 도시에 당신이 방문하시기를 추천합니다.

Key words and expressions

1. have/has + p.p.(과거분사): 현재 완료(since 혹은 for를 수반)

   과거의 사건이나 행동이 현재까지 유효하거나 영향을 미치는 경우

   Ex she has attended a job interview for one hour.

2. have/has + been ~ing : 현재완료 진행형

   과거의 사건이나 행동이 현재까지 계속해서 지속되는 경우

   Ex She has been working hard for few hours.

Write by yourself

_____

_____

_____

_____

_____

Where were you born?

What is your birth place?

당신의 출신지는(고향) 어디입니까?

 Tips

단답형으로 태어난 곳을 말하기 보다는 간단하게 본인의 고향과 관계된 답변을 하자. 또한 고향이나 태어난 곳에 대하여 꼬리를 무는 질문이 나올 수 있으니 이에 대해서 흥미롭게 말할 수 있도록 미리 답변을 준비하자!

Ex 1. be born in ~ : ~에서 태어나다.
2. be raised, grow up, be brought up : 자라다.
   I was born and raised in Jeju Island.
   I was born in Suwon but brought up in Seoul.

Example

 I was born and raised in Seoul.

저는 서울에서 태어나서 자랐습니다.

I was born in Busan but grew up in Seoul.

저는 부산에서 태어났고 서울에서 자랐습니다.

 Write by yourself

Could you tell me about your hometown?
Would you please tell me about your birth place?

당신의 고향(태어난 장소)에 대해서 말해 주시겠습니까?

 Tips

시, 도청 홈페이지에 가서 출신지나 특정 지역에 대한 영어로 된 소개의 글을 찾아보고 축약해서 스스로 정리하고 익혀서 면접에 임할 수 있도록 한다.

I was born near Myoung Dong in Seoul. I'm so proud of my hometown. It is the center of Seoul, and is like a popular shopping area for Koreans as well as foreigners. When I was a little kid, it used to be only a domestic market but it has become more popular as an international shopping district. Also it is very convenient for me to go anywhere with numerous buses and subways. I can recommend you visit Myoung Dong and enjoy sight seeing and shopping as well.

저는 서울의 명동 근처에서 태어났습니다. 저는 제 고향에 대해서 자부심이 있습니다. 그곳은 서울의 중심이며 한국인에게뿐 아니라 외국인에게도 매우 인기 있는 쇼핑 지역입니다. 제가 어린 아이였을 때 그곳은 단지 국내 시장이었으나 더 인기있고 국제적인 쇼핑의 거리가 되었습니다. 또한 그곳은 수많은 버스와 지하철로 어디든지 가기에 편리한 곳입니다. 저는 당신에게 명동을 방문해서 관광과 쇼핑을 즐길 것을 추천하고 싶습니다.

I was born in Seoul but raised in Daejeon, Chungnam Province. I believe Daejeon is the most interesting city to live. Firstly, there are lots of nice facilities like huge shopping districts, broadcast station, theme park, and leisure centers. Also Daejeon is nominated as the most best educational city in korea. Most people in Daejeon are much friendly and favorable to others. When you visit this city, I'm sure that you would love it.

저는 서울에서 태어났으나 충청남도 대전에서 자랐습니다. 저는 대전은 살기에 가장 흥미로운 도시라고 믿습니다. 첫째, 대규모 쇼핑거리, 방송국, 주제공원, 레저시설과 같은 많은 도시들이 있습니다. 또한 대전은 한국에서 최고 좋은 교육도시로서 지정이 되었습니다. 대전에 사는 대부분의 사람들은 매우 다정하고 다른 사람들에게 호의적입니다.

 Write by yourself

How did you get here and how long did it take?

이곳까지 어떻게 오셨고 얼마나 걸렸습니까?

How did you come here?

여기까지 어떻게 오셨습니까?

 I came here by subway and it took me almost two hours.

저는 지하철로 왔고 거의 두 시간이 걸렸습니다.

I took an airplane from Busan to Seoul and from the airport, I came here by bus. It took about 2 hours and 30 minutes.

저는 부산에서 서울까지 비행기를 탔고 그리고 여기까지는 버스로 왔습니다. 약 2시간 30분이 걸렸습니다.

 Write by yourself

Did you have any trouble finding this place?

이 장소를 찾는 데에 어려움이 있었습니까?

 가령 면접장소를 찾는데 어려움이 있었다거나 장시간이 걸려서 피곤할지라도 면접 시에는 면접 장소를 미리 알아봐서 어려움이 없었거나, 충분한 시간을 두고 면접장소에 왔다는 것을 피력하여 내 자신이 상당히 준비된 사람이며 항상 시간을 잘 엄수하는 사람이라는 것을 어필하자!

Not at all. I searched for this place on the web before I came here.

전혀 어려움이 없었습니다. 이곳에 오기 전에 웹에서 이 장소를 찾아보았습니다.

No problem at all. I've searched for this place in advance and I left my place earlier.

전혀 문제가 없었습니다. 미리 이 장소를 찾아 보았고 일찍 출발하였습니다.

No, not at all. I've searched this place on the web in advance so that it was quite easy for me to find it.

아니요. 전혀요. 사전에 웹에서 이장소를 찾아보았고 그래서 제가 이장소를 찾는 것은 꽤 쉬웠습니다.

 Write by yourself

_____

_____

_____

Q12

When were you born?

What is your date of birth?

When is your birthday?

당신은 언제 태어났습니까?

 Tips

면접 시에 영어로 날짜, 요일, 시간 등에 대해서 망설임 없이 자연스럽게 말해야 함에도 불구하고 당황하거나 숫자에 익숙하지 않아서 더듬거리는 경우가 많이 발생한다. 가장 기초적이지만 면접관이 영어실력을 판단할 수 있는 바탕이 됨으로 자연스럽게 말하도록 날짜, 요일, 시간을 많이 연습하자!

Example

I was born on May 13th in 1996.

저는 1992년 5월 13일에 태어났습니다.

I was born on September 5th, 1997.

저는 1991년 9월 5일에 태어났습니다.

I was born on the 25th of December,1995.

저는 1995년 12월 25일에 태어났습니다.

 Write by yourself

_____

_____

_____

Q13

What date is it, today?

오늘 날짜가 어떻게 됩니까?

2013, 4, 10: April the fourth, two thousand and thirteen.

2014, 9. 21: September the twenty first, two thousand and
              fourteen.

Example

It's August twenty-fourth.

오늘은 8월 24일입니다.

It's the third of February, two thousand and thirteen.

오늘은 2013년 2월 3일입니다.

 Write by yourself

_____

_____

What day is it, today?

오늘은 무슨 요일입니까?

주로 긴장을 풀기 위해서, 또는 기본적인 영어를 구사할 수 있는가를 측정하기 위해서 묻는 질문이다. 가장 간단한 질문이지만 date(날짜)와 day(요일)을 헷갈리지 않도록 하자!

(Sunday, Monday, Tuesday, Wednesday, Thursday, Friday, Saturday)

It's Tuesday.

오늘은 화요일입니다.

It's Thursday.

오늘은 목요일입니다.

Write by yourself

_____

_____

_____

What's the weather like, today?

How is the weather, today?

오늘의 날씨는 어떻습니까?

간단한 질문으로 답변은 날씨는 안 좋지만 기분은 좋다 혹은 날씨가 좋아서 기분이 좋다는 식으로 표현하자.

It's warm, today and I like this weather.

오늘은 덥습니다. 하지만 저는 이런 날씨를 좋아합니다.

It's freezing but I like winter.

오늘은 몹시 춥지만 저는 겨울을 좋아합니다.

✎ Write by yourself

_____

_____

_____

_____

_____

Expressions  **Key words and expressions**

☀ 날씨 표현

It's raining.	비가 옵니다.
It's shining.	햇볕이 쨍쨍합니다.
It's snowing.	오늘은 눈이 옵니다.
It's windy.	바람이 붑니다.
It's freezing.	날씨가 춥습니다.
It's blowing.	바람이 붑니다.
It's muggy (weather).	오늘은 후텁지근합니다.
It's foggy (weather).	오늘은 안개가 끼었습니다.

Q16

What did your parents or family say to you today?

오늘 당신의 부모님이나 식구들은 당신에게 어떤 말을 하였습니까?

 Tips

부모님 이야기를 하면서 부모님은 당신이 승무원이 되는 것에 대해서 어떻게 생각하시는지 그리고 어떻게 도와 주셨는지를 물어볼 수 있다. 추가 질문에 대한 답변도 준비하자.

 Example 1

They told me not to be nervous and to do my best. They are always my good supporters and they believe me to do my best. They would be delighted if I became a flight attendant of your airline.

그들은 저에게 긴장하지 말고 최선을 다하라고 말씀했습니다. 그들은 항상 저의 좋은 후원자이고 제가 최선을 다 할 것이라 믿어주십니다. 만일 제가 귀항공사의 승무원이 된다면 그들은 무척 기뻐할 것입니다.

 Example 2

My parents told me not to be nervous, but to show my potential to become a great flight attendant. They always believe me and support whatever I do. I really want to succeed in this interview and make them happy.

제 부모님은 제게 떨지 말고 유능한 승무원이 될 수 잇다는 저의 잠재력을 보여주라ㅣ고 제게 말했습니다. 그들은 항상 저를 믿어주고 제가 무엇을 하던지 지지해주십니다. 저는 이 인터에 성공하여 그들을 행복하게 해드리기를 원합니다.

✎ Write by yourself

_____

_____

_____

_____

Did you have breakfast today?

What did you have?

Who did you eat with?

오늘 아침에는 무엇을 드셨습니까?

Tips

한식을 먹었다거나 색다른 요리를 먹었다고 하면 좋아하는 음식은 무엇인지, 맛이 어떤지, 어떤 요리를 할 수 있는지 꼬리를 무는 질문이 나올 수 있다. 추가 질문에 대한 답변도 준비하자.

Example

Yes, I had some cereal with milk and some fruit.

네, 저는 우유와 시리얼 그리고 과일을 먹었습니다.

I had toast with salad for breakfast.

아침으로서 샐러드와 토스트를 먹었습니다.

Yes, I had simple breakfast, a bowl of yogurt and banana.
Those are my favorite breakfast menu.

예, 저는 간단한 식사, 요거트와 바나나를 먹었습니다. 이것은 제가 좋아하는 아침 메뉴입니다.

 Write by yourself

Please tell me about your physical status: height, weight, and eyesight?

당신의 신체 조건, 신장, 몸무게, 시력에 대하여 말해주시겠어요?

당신의 신체 조건에 대해서 한 번에 물어 볼 수도 있지만 키, 몸무게, 시력에 대해서 따로 물어 볼 수도 있다. 이력서에 명시된 대로 동일하게 신체조건을 말하도록 하자!

Ex What is your heigh?　　　How tall are you?
What is your weight?　　　Please tell us about your weight?
What is your vision?　　　How is your eyesight?

My Height is 165cm. My weight is 51kg, and my corrected eyesight is 1.0 for my right eye and 1.4 for my left.

제 신장은 165cm입니다. 제 몸 무게는 51 kg이며 제 교정 시력은 오른쪽이 1.00이며 왼쪽은 1.4입니다.

✎ Write by yourself

What did you do before you came in today?

오늘 아침에 오기 전에 무엇을 하였습니까?

단순히 아침에 일어나서 이곳에 왔다는 이야기 이외에 회사에 대한 새로운 정보를 찾아 보았다 든지, 책, 신문 등을 보았다든지 등의 일상을 말하므로 인해서 좀 더 준비된 지원자라는 인상을 주고, 회사에 대한 새로운 뉴스를 들었냐는 질문이 나올 수 있음으로 꼬리를 무는 질문을 준비 하도록 하자. 이때에는 반드시 새로운 뉴스나 정보, 회사에 대한 정보를 사전에 꼼꼼하게 준비 하여 예상 질문에 대처하도록 하자.

Example 1

I woke up early to prepare for my interview. I went over the website of your company and tried to get more information and updated news about your company.

저는 오늘 아침 인터뷰를 준비하기 위하여 일찍 일어 났습니다. 귀사에 대한 더 많은 정보와 새로운 소식을 얻기 위해서 귀사의 웹 사이트를 방문 하였습니다.

Example 2

Before I came here, I tried to mediate myself to come down. Also I reviewed some expected interview questions and visited website of your company in order to check any updated news.

제가 여기 오기 전에, 저는 마음을 가라 앉히기 위해서 명상을 하였습니다. 또한 저는 몇 가지 예상된 면접질문을 검토하고 새로운 뉴스들이 있는지를 체크하기 위해서 당신 회사의 웹사이트를 찾아보았습니다.

 Write by yourself

_____

_____

_____

 Q20

That's all the questions I have for you. Do you have any questions or something to add up?

이상이 모든 질문입니다. 이외에 질문이 있거나 마지막으로 덧붙이고 싶은 말이 있습니까?

 Tips

마지막으로 덧붙일 질문에서 아무런 질문이 없다고 마무리하기 보다는 자신의 이미지를 강하게 남기도록 준비된 말을 하도록 하자. 면접 기회에 대한 감사함, 본인의 승무원으로서의 각오, 채용 후 항공사에 기여 할 수 있는 부분, 혹은 가볍게 면접관의 피로를 풀어줄 수 있는 즐거운 멘트로 마무리 하도록 하자. 면접에서 자신을 피력할 수 있는 마지막 기회이니 최대한 좋은 인상을 남기도록하자!

Not, really, But I'd like to say to thank you again for giving me a chance to have an interview

질문은 없습니다. 하지만 이 인터뷰 기회를 주신 것에 다시 한번 감사의 말씀을 드립니다.

Thank you for spending time with me. When can I expect to hear from you?

저에게 시간을 할애해 주셔서 감사 합니다. 제가 귀사로부터 언제 연락을 받을 수 있는지요?

 Once again, I really appreciate you giving me this valuable interview chance. If I become a member of your company, I will not let you disappointed and make a great effort to become an asset to your company

다시 한 번, 이렇게 귀중한 면접기회를 주신 것을 감사드립니다. 만약에 당신회사의 일원이 된다면, 절대 실망시키지 않을 것이고 당신회사의 재원이 되기 위해서 많은 노력을 할 것입니다.

 Write by yourself

_____

_____

_____

Chapter 03

Self - Introduction

 Tips 짧은 시간 동안 자신을 어필해야 하기 때문에 장황하게 늘어 놓기 보다는 부각시켜야 할 내용을 뽑아서 사례와 약 1분 동안에 말할 내용을 준비한다. 일례로 직업이나 파트타임 근무 경력, 여행 경험, 학교 활동들, 승무원에게 맞는 성격 등을 이야기함

Could you introduce yourself?

Could you tell us about yourself?

당신에 대해서 말해 주시겠습니까?

How would you describe yourself?

당신을 어떻게 표현 하시겠습니까?

What kind of person are you?

당신은 어떤 부류의 사람입니까?

Would you please tell me something about yourself?

당신에 대해서 일부 말해 주시겠습니까?

How do your friends describe you?

당신 친구들은 당신을 어떻게 표현 합니까?

☀ 성격을 나타내는 영어 표현들

diligent 근면한, 성실한
Ex I'm a diligent person.

저는 근면합니다.

nervous 긴장한, 떨리는
Ex I'm a little bit nervous. 저는 약간 긴장이 됩니다.

energetic 에너지가 넘치는, 정력적인
Ex I am very energetic and competitive.

저는 열정 넘치고 경쟁력이 있습니다.

social 사교적인, 사회적인
Ex I'm a very social person. 저는 매우 사교적입니다.

tired 피곤한, 지친
Ex I seldom get tired of working for a long time.

나는 오랜 시간 동안 일하는 것에 거의 피곤해하지 않습니다.

bored 지루한, 지겨운
Ex I don't feel bored with serving many people.

나는 많은 사람을 서비스 하는 것에 지루하지 않습니다.

enthusiastic 열렬한, 열광적인
Ex My friends consider me enthusiastic because I try to find out some fun whatever I do. Those efforts give me a lot of energy.

나의 친구들은 나를 열정적이라고 하는데, 무엇을 하든지 재미를 찾으려고 하기 때문입니다. 이러한 열정은 나에게 많은 에너지를 줍니다.

Interest 관심, 흥미
Ex I've got lots of interests in learning new things.

저는 새로운 것을 배우는 데에 많은 관심이 있습니다

positive 긍정적인

Ex I try to think positively whenever I face difficulties.

저는 어려움에 직면 할 때마다 긍정적으로 생각하려고 노력합니다.

thoughtful 신중한, 사려 깊은

Ex I'm a very thoughtful (considerate) person.

저는 매우 신중한 사람입니다.

talkative 말이 많은, 수다스러운

Ex I'm talkative but people say I'm funny.

저는 말이 많지만 사람들은 제가 재미 있다고 말합니다.

cheerful 발랄한, 쾌활한, 생기를 주는

Ex My friends consider me as a cheerful person.

제 친구들은 저를 쾌활한 사람으로서 인식합니다.

friendly 다정스러운, 다정다감한

Ex I'm friendly. Even when I meet some new people, I try to approach by myself in a friendly manner.

저는 다정다감합니다. 저는 새로운 사람을 만났을 때 조차도, 다정하게 먼저 다가가려고 노력합니다.

adaptable 새로운 환경에 적응할 수 있는

Ex I'm highly adaptable to the new situation.

저는 새로운 상황에 잘 적응합니다.

easygoing 느긋한, 소탈한, 원만한

Ex I'm an easygoing person.

저는 원만한 사람입니다.

cooperative 협조적인, 협동심이 있는

Ex I like to work cooperatively with others rather than work alone.

저는 혼자 일하는 것 보다 협동해서 일하는 것을 좋아합니다.

thoughtful, considerate 사려 깊은, 배려 깊은

Ex I am a person who is caring and thoughtful.

저는 세심하고 배려심이 있는 사람입니다.

flexible 융통성이 있는

Ex I always try to be more flexible.

저는 항상 융통성이 있으려고 합니다.

bright 밝게, 환한, 똑똑한(brilliant)

Ex she is lively and bright as a button.

그녀는 활발하고 쾌활하고 똑똑하다.

She gave me a bright smile.

그녀는 내게 환한 미소를 지었다.

Warm-hearted 마음이 따뜻한

Ex I am a warm-hearted person.

저는 마음이 따뜻한 사람입니다.

open-minded 개방적인, 마음이 열려 있는, 허심 탄회한

Ex I'm quite open-minded about this subject.

저는 이 문제에 대해서는 꽤 마음이 열려 있습니다.

outgoing 외향적인

Ex I have an outgoing personality.

저는 외향적인 성향을 가지고 있습니다.

active 활동적인

Ex I think flight attendant as a job is active and dynamic.

저는 승무원이라는 직업은 꽤 활동적이고 역동적이라고 생각 합니다.

patient 인내심이 강한

Ex I am a patient person.

저는 꽤 인내력이 강한 사람입니다.

committed, dedicated 헌신적인

Ex I'll be a dedicated and loyal cabin crew.

저는 헌신적이고 충직한 승무원이 되겠습니다.

trustworthy, reliable 믿을 수 있는, 신임할 수 있는

Ex My friends say I'm quite reliable.

제 친구들은 제가 꽤 믿을만하다고 말합니다.

hard-working, diligent 열심히 일하는, 근면한

Ex I am as hard working as any.

저는 그 누구보다도 열심히 일합니다.

healthy both physically and mentally 신체적으로 정신적으로 건강한

Ex I'm healthy both physically and mentally.

저는 신체적으로 정신적으로 건강합니다.

polite 공손한, 정중한

Ex my parents always teach me to be polite.

저의 부모님은 저에게 공손하도록 가르치셨습니다.

witty 재치 있는

Ex I think of myself as a funny and witty girl.

저는 스스로를 재미있고 재치 있는 여성이라고 생각합니다.

feminine 여성스러운

Ex I am intelligent, very feminine and warm.

저는 지적이고, 아주 여성스럽고 온화합니다.

independent 독립적인

Ex I am independent of my parents.

저는 저의 부모님으로부터 독립적입니다.

sincere 진심의, 진실된, 진정한

Ex My personality is gentle and sincere.

저의 성향은 부드럽고 진실됩니다.

humorous 재미있는, 유머 감각이 있는

Ex I am very kind and humorous to my friends.

저는 제 친구들에게 친절하고 유머 감각이 있습니다.

calm 차분한, 안정된

Ex I am very calm and attentive.

저는 매우 차분하고 주의를 잘 기울입니다.

generous 후한, 넉넉한, 아량이 넓은

Ex I am generous and very polite.

저는 관대하고 매우 정중합니다.

attentive 주의를 기울이는, 배려하는, 경청하는, 친절한

Ex the hotel staffs are friendly and attentive.

호텔 직원들은 다정스럽고 배려를 합니다.

passionate 열정적인 격렬한

Ex I'm very passionate about learning and experiencing new things.

저는 새로운 것을 배우고 경험하는 것에 매우 열정적입니다.

understanding 이해하는 것, 이해를 잘 하는

Ex Understanding such cultural differences is a challenge which anyone can be faced with.

문화적인 차이를 이해하는 것은 모든 사람들이 직면하는 도전입니다.

confident 확신하는, 확신에 찬

Ex I am confident that I will be able to serve passengers in a nice manner.

저는 좋은 매너로 승객들을 서비스 할 수 있으리라 확신합니다.

☀ 성격을 나타내는 영어 표현들

ambitious 야망 있는, 야심에 찬

Ex as I got older, I became more ambitious in becoming a cabin crew.
제가 더 나이를 먹으면서 객실 승무원이 되는 것을 더 열망하게 되었습니다.

a sense of~ ~ 감각의

Ex I have a good sense of humor. 저는 유머 감각이 있습니다.

I have a sense of responsibility. 저는 책임감이 있습니다.

I have a sense of direction. 저는 방향 감각이 있습니다.

I have a sense of leadership. 저는 리더십이 있습니다.

✖ School Life 교내(학교) 활동 위주로 소개

Yes, My Name is Lee Eun Wha. I am 21 years old and live in Seoul. I am a sophomore college student. (I'am graduated from ooo University in the spring of 2012.) I am quite active. I was involved in a lot of extra school activities such as a school journal club and a broadcasting club in my high school. In my college, I was continuously involved in many school activities like university public relations, a smile queen contest, and an English speech contest. Even though I did a lot of school activities, I have never missed a day due to sickness or laziness and also kept good grades all over my school subjects. I believe I could be an active and diligent cabin crew in the job as well as extra company activities.

네, 안녕하세요. 저는 이은화입니다. 21세이며 서울에 살고 있습니다. 저는 대학의 2학년에 재학 중입니다.(저는 2013년 봄에 ○○○ 대학을 졸업하였습니다.) 저는 꽤 활동적입니다.

저는 고등학교 때에 교내 신문과 방송반 클럽 같은 교내의 다양한 활동에 가입하였습니다. 대학에서는 계속해서 대학 홍보부, 스마일 퀸 컨테스트, 영어 스피치 대회 등 다양한 학교 활동에 참여 하였습니다. 제가 많은 학교 활동을 하였지만 병이나 게으름 때문에 학교를 한번도 결석하지 않았고 모든 학교 과목에서 좋은 성적을 유지하였습니다. 저는 일과 회사의 과외의 활동에 있어서도 활동적이고 근면한 승무원이 될 수 있을 것이라고 믿습니다.

이런 형식으로 답변을 하였을 때에는 일 이외에도 항공사에 입사하게 되면 어떤 사내외의 활동을 할 수 있는지에 대한 꼬리 질문을 할 수가 있다. 사전에 해당 항공사에 대한 대외 활동에 대한 정보를 수집하여 말할 수 있도록 하자. **Ex** 아시아나 특화서비스, 중국의 오지에 물자 지원 및 자원 봉사, Unicef 지원 등……

I'm pleased to introduce myself to you. My name is Kim Ji Hyeon I'm 21 years old and majoring in aviation and tourism service at Nam-San University nearby Nam San.

I've always dreamed to be a flight attendant since I was a little girl. This is why I've chosen my major. I've been learning not only lots of service knowledge, but also good manners related to aviation and tourism service.

Also, I had lived in Vancouver, Canada for about 1 year to improve my English ability. I felt lonely in the beginning but my positive attitude helped me adapt easily to new things, like different cultures and people. Now, I'm quite confident about myself and I think I'm very qualified to become a flight attendant.

저는 제 자신을 소개할 수 있어서 매우 기쁩니다. 저의 이름은 김지현입니다. 21세이고 남산 근처의 남산 대학에서 항공관광서비스를 전공하고 있습니다. 어려서부터 승무원이 되기를 꿈꾸어 왔습니다. 이것이 바로 저의 전공을 선택한 이유입니다. 저는 서비스 지식뿐만 아니라 항공 관광 서비스에 관계된 좋은 매너도 배웠습니다. 또한 저는 영어 능력을 향상시키기 위해서 밴쿠버, 캐나다에 1년 동안 살았습니다. 처음에 저는 외로움을 느꼈지만 저의 긍정적인 마음 가짐은 다른 문화 다양한 사람과 같은 새로운 것에 쉽게 적응하도록 해 주었습니다. 이제 저는 제 스스로에 대해서 꽤 확신이 있고 승무원이 되기에 자질이 갖추어져 있다고 생각 합니다.

:: Working experiences 경력이나 일에 대한 경험 위주로 소개

Thank you for giving me a chance to introduce myself. My name is Kim Mi Yeon. I'm a sophomore at Seoul College in Seoul, and my major is Aviation and tourism.

저는 서울에 있는 서울 대학의 2학년 학생이며 전공은 항공 관광 여행입니다. 저에게 소개 할 수 있는 기회를 주셔서 감사합니다. 저의 이름은 김미연이며, 서울에 있는 서울대학의 2학년 학생이고 전공은 항공관광입니다.

I have worked as a waitress for the last a year in a restaurant at Lotte Hotel where I learned a lot of service skills and became service-minded to provide the best service for the customers.
While I was working there, I was selected as the best employee of the month in customer service two times.

저는 지난 1년 동안 롯데 호텔 레스토랑에서 일했는데 고객에게 최상의 서비스를 제공하기 위한 서비스 기술을 익혔습니다. 그곳에서 일하는 동안, 2회에 걸쳐서 고객서비스 부분 우수사원으로서 선정이 되었습니다.

Also, I have studied English in Canada for the last 6 months. At first, I felt a bit awkward to meet some people with different cultural backgrounds. However, I got to be very close to those people sooner or later and it gave me lots of chances to experience various cultures.

또한 저는 지난 6개월 동안 캐나다에서 영어 공부를 하였습니다. 처음에 저는 다른 문화 배경을 가진 사람들을 만나는 것에 소심했습니다. 그러나 그들과 곧 친해질 수 있었고, 다양한 문화를 경험 할 수 있는 기회를 주었습니다.

With those overseas experiences, I've got to understand various cultures and customs and I learned how to get along with people from different cultural backgrounds.

이러한 외국 경험들로, 다양한 문화와 관습을 이해할 수 있게 되었고, 다른 문화적인 배경을 가진 사람들과 어울리는 방법을 배우게 되었습니다.

Tips 본인의 직업이나 파트타임 경력 혹은 외국에서의 생활 경험이 승무원의 직업에 어떻게 도움이 될 것인지를 접목시킨다.

✥✥ Personality 성격, 성향 위주의 자기 소개

Example 4

Hello, my name is Lee Sue Jin and I'am graduated from Dong- A University. I want to describe myself as a very energetic and social person.

안녕하세요. 저는 동아 대학을 졸업한 이수진입니다. 저는 스스로를 열정적이고 사교적인 사람으로 표현하고 싶습니다.

I can get along with others even at the first time; also, people say they feel comfortable with me. When I'm with some new people, I usually try to break the ice among them by initiating conversation.

처음에 사람을 만났을 때도 잘 어울릴 수 있고, 사람들은 저에게 편하다고 말합니다.
저는 사람들과 같이 있을 때 사람들 사이에 어색함을 없애려고 먼저 노력합니다.

Also, I seldom get tired or bored of whatever I do. Even after a long and tough day, I often find myself energetic and try to find some other things to do.

또한 저는 무엇을 하던지 간에 피곤하거나 지루해지지 않습니다. 심지어는 힘들고 긴 하루 후에도, 에너지가 넘치며 다른 할 일을 찾기도 합니다.

I'm enthusiastic about learning new things and people. I think this kind of interests help me stay fully energetic all the time.

저는 새로운 것과 사람들에 대해서 알고 배우는 것에 흥미가 있습니다. 이러한 관심들이 항상 저를 열정 넘치게 만든다고 생각합니다.

People around me have admired me for having this kind of personality and they also told me that I make others feel energetic as well. Thank you for listening.

제 주변의 사람들은 제가 이러한 성향을 가진 것을 칭찬하며, 제가 또한 다른 사람들을 활기차게 만든다고 말합니다. 경청해 주셔서 감사합니다.

Tips 승무원의 직업에 맞는 성격(Personality) 위주로 표현하여 면접관이 나의 성격을 충분히 이해하고 승무원이라는 직업에 맞을 것이라는 확신을 갖도록 표현하자.

:: Working experience & personality 일한 경험과 성격 위주의 소개

Thank you for giving me a chance of having an interview with you.

귀사에서 인터뷰 기회를 주신 것에 감사를 드립니다.

I've completed a degree in airline service and tourism at a college. I acquired foreign language skills, interpersonal skills, service mind and knowledge related to the cabin attendant job from my major.

저는 A 대학의 항공 관광 서비스 전공으로 학위를 취득하였습니다. 저는 전공에서 외국어 영역, 대인 관계론, 객실 승무원의 직무에 관계 된 지식 등을 습득하였습니다.

Also, I have working experience in various service fields during my college days such as Outback Steakhouse and hotel restaurants.

또한 저는 학교 재학 시에 아웃 백 스테이크 하우스와 호텔 레스토랑 같은 다양한 서비스 분야에서 일한 경험이 있습니다.

I'm kind of a sociable person and enjoy being with others. Also I don't feel awkward in making new friends and like to work with various people from different backgrounds.

저는 상당히 사교적인 사람이고 다른 사람들과 같이 있는 것을 즐깁니다. 또한 새로운 사람들을 사귀는 것에 두려워하지 않고 다른 배경을 가진 다양한 사람들과 일하는 것을 좋아합니다.

❖❖ Others 기타 자기 소개

Thank you so much for giving me a chance to introduce myself. My name is Lee Hwa Young. I've majored in Airline and tourism Service at Seoul Woman University.

저를 소개할 기회를 주셔서 감사합니다. 저는 이화영입니다. 저는 서울여자대학에서 항공관광 서비스를 전공했습니다.

I think It is very essential to have a bright smile and positive attitude in order to serve passengers or customers in a best way.

승객이나 고객을 최상으로 서비스하기 위해서는 밝은 스마일과 긍정적인 태도를 가지는 것이 매우 필수적이라고 생각합니다.

I believe the power of a bright smile as well as positive attitude, thus I always try to keep up myself to have a positive attitude. Also, I've got a sense of leadership which leads me energetic and makes a good teamwork all the time.

저는 밝은 미소뿐만 아니라 긍정적인 태도의 힘을 믿고 있으며 그래서 항상 긍정적인 자세를 유지하려고 노력합니다. 또한, 자신을 항상 에너지로 이끄는 리더십을 지니고 있습니다.

I'll certainly play an important role to deliver the best service to passengers as a cabin crew of your Airline. Thank you.

저는 귀 항공사의 객실승무원으로서 승객에게 최상의 서비스를 전달하는 중요한 역할을 할것입니다.

I'm pleased to introduce myself to everyone. My name is Nam Ji Hyeon. I'm 23 years old and majoring in Aviation and Tourism service at Busan university.

제 자신을 소개하게 되어서 매우 기쁩니다. 저는 남지현입니다. 저는 23세이고 부산대학에서 항공관광 서비스를 전공하고 있습니다.

I've been learning not only lots of knowledge about aviation and tourism service but also service manners to become a flight attendant. And I think my positive mind helps me easily adapt new things like other cultures and various people from different background.

저는 항공관광서비스에 대한 지식만이 아니라 승무원이 되기 위한 서비스 매너 역시 배워오고 있습니다. 저의 긍정적인 마인드가 타문화와 다른 배경을 가진 다양한 사람들과 같은 새로운 것들에 쉽게 적응하도록 도와준다고 믿습니다.

I've always dreamed to be a flight attendant since my middle school days. This is why I've chosen this major and I always do my best in order to come true my dream by exercrsing regularly and learning service skills related to Airline service. Thank you for your listening.

저는 중학교 때부터 승무원이 되기를 꿈꿔왔습니다. 이것이 제가 지금의 전공을 선택한 이유이고 저의 꿈을 이루기 위해서 항상 최선을 다하고 있습니다. 들어주셔서 감사합니다.

Hello, my name is Lee Min-kyung. My friends have told me that I'm positive and friendly, because I can easily mingle with others.

안녕하십니까? 저는 이민경입니다. 제 친구들은 제가 다른 사람들과 잘 어울리기 때문에 긍정적이고 다정하다고 말합니다.

My major is Airline service which is very interesting and practical major. I have taken various courses such as Airline service, Airline ticketing and reservation, international service manners, as well as various foreign languages like English, Chinese, and Japanese. I believe that my major would be a big help when I work as a flight attendant for Asiana airlines.

저의 전공은 항공서비스인데 아주 흥미롭고 실용적인 전공입니다. 저는 기내서비스, 항공티켓과 예약, 국제 서비스 매너뿐만이 아니라 영어, 중국어, 일본어와 같은 다양한 외국어를 이수 했습니다. 저의 전공이 아시나항공의 승무원으로 일할 때 큰 도움이 될 것이라고 믿습니다.

Also, I had to handle many difficult situations while I was working as a waitress in a family restaurant. However, I became to be confident with serving various customers and dealing with difficult situations.

또한, 패밀리 레스토랑에서 웨이츄레스로서 일하는 동안 많은 어려운 상황들을 다루어야만 했습니다. 하지만 다양한 고객을 서비스하고 어려운 상황을 다루는 데에 확신을 가지게 되었습니다.

I believe I'm well qualified for the Airline service job with my job experiences and major, Airline service. If I become a member of Asiana Airlines, I'll be a dedicated and sincere cabin crew contributing to Asiana airline' reputation. Thank you.

저의 일한 경험과 전공, 항공서비스로 인하여 항공서비스 직무에 자질이 잘 갖추어져 있다고 믿습니다. 아시아나항공의 일원이 된다면 저는 아시아나 항공의 평판에 기여하는 헌신적이고 진정성 있는 객실 승무원이 되겠습니다.

Before I begin to introduce myself, I really appreciate you giving the precious chance to show my potential.
I'm a competent candidate who could enthusiastically work for your company.

저를 소개하기 전에, 저의 잠재력을 보여줄 수 있는 귀중한 기회를 주신 것에 정말 감사드립니다. 저는 당신의 회사를 위해서 매우 열심히 일할 수 있는 유망한 지원자입니다.

While I was attending a kindergarten in India, I studied and played together with not only rich but also poor friends. Also I studied and got along with many foreign friends in New Zealand and the U. S.

저는 인디아에서 유치원을 다니면서, 부유한 친구뿐만이 아니라 가난한 친구들과 함께 공부하고 함께 놀았습니다. 또한 뉴질랜드와 미국에서 많은 외국인들과 함께 공부하고 어울렸습니다.

Through those overseas experiences, I am certain that I've acquired a cosmopolitan outlook and a global mind-set.
Also I was able not only to understand different cultures and people, but also to expand my point of view toward the world.

이러한 경험들을 통해서 저는 국제적인 견해와 세계를 바라보는 안목을 키웠다고 확신합니다. 또한 다른 문화와 사람을 이해할 수 있었을 뿐 아니라 세계에 대한 저의 견해를 확장할 수 있었습니다.

I've made an effort to develop my foreign langage skills for many years through school days. Now I can fluently communicate with others both in English and Chinese.
I'm sure that I'll definitely paly an important role as a flight attendant in your Airline with my open-minded attitude and interpersonal skills.

저는 학교생활을 통해서 수년간 외국어 능력을 개발하기 위해서 노력해 왔습니다. 이제 저는 영어와 중국어로 다른 사람들과 유창하게 대화할 수 있습니다. 저는 저의 개방적인태도와 대인관계 기술로 당신의 항공사에서 객실승무원으로서 주요한 역할을 할 것이라고 확신합니다.

✎ Write by myself 자신에 대해서 소개하시오.

Chapter 04

About flight attendant jobs

 Tips

승무원이 단지 겉모습이 예쁘거나 화려해서, 유니폼이 예뻐서, 여행을 많이 하거나 보수가 좋아서, 여행 혜택 등의 외부적인 승무원 직업에 대한 화려함을 떠나서 본질적으로 직업에 대해서 알고 있는지, 장단점이 무엇인지 등을 현실적으로 알고 있는지 물어보는 질문이다. 승무원 직업의 장 단점을 잘 알고 있어야 하고 승무원 직업의 단점을 나에게 맞는 장점으로 승화시킬 수 있다는 자신감을 드러내는 것이 좋다.

Q What are some advantages and disadvantages of becoming a flight attendant?

승무원이 되는 것의 장점과 단점은 무엇입니까?

Q What do you like or not like about jobs as a flight attendant?

승무원이라는 직업에 대해서 좋아하는 것과 좋아하지 않는 것은 무엇입니까?

Q What do you think (know) about cabin attendant jobs?

How do you think about flight attendant jobs?

What do you think about cabin crew as a job?

승무원 직업에 대해서 어떻게 생각하십니까?

Q What do you think that a flight attendant is?

승무원이라는 직업은 무엇이라고 생각하십니까?

Q What kind of characteristics are important to become a flight attendant?

승무원이 되기 위해서는 어떤 성격(성향)이 중요합니까?

What are some advantages and disadvantages of being a flight attendant?

승무원이 되는 것의 장점과 단점은 무엇입니까?

what do you like or not like about jobs as a flight attendant?

승무원이라는 직업에 대해서 좋아하는 것과 좋아하지 않는 것은 무엇입니까?

There are a lot of advantages of becoming a flight attendant like opportunities to meet a lot of people and experience various cultures. Another big advantage as a flight attendant is that she can work in-flight and travel together with others.

승무원이 되는 것에는 많은 이점이 있는데 많은 사람을 만나고 다양한 문화를 경험하는 기회와 같은 것입니다. 승무원으로서 기내에서 일하고 여행도 같이 합니다. 승무원으로서 또 다른 큰 장점은 기내에서 일하고 다른 사람들과 같이 여행도 할 수 있다는 것입니다.

However, the job isn't as perfect as other jobs. There are disadvantages such as working long hours, experiencing jet lag and dealing with irritable passengers sometimes. Also, she cannot settle down in one place due to her variable schedules in each month.

하지만 이 직업은 다른 직업과 같이 완벽하지는 않습니다. 때때로 오랜 시간 동안 일하고 시차를 경험하고 그리고 어려운 승객들을 다루어야 한다는 것입니다. 또한 매달 다른 스케줄 때문에 한 장소에 정착할 수 없습니다.

However, I believe I would enjoy serving various people in-flight and traveling to different destinations every day with my active and positive characteristics.

하지만 저의 활동적이고 긍정적인 성격으로 기내에서 다양한 사람들에게 서비스하고 매일 다른 목적지로 여행하는 것을 즐길 것입니다.

There are a lot of advantages of being a flight attendant. First of all, flight attendants can meet a lot of people from different countries and cultures, which would make them more excited. Secondly, flight attendant jobs look dynamic rather than static since they work with various crew members while traveling the world. By doing so, I would be able to extend my experience and knowledge about the world and people. Thirdly, I think flight attendants can feel rewarded and satisfied when they provide the best service and deal with difficult passengers.

승무원이 되는 것에는 많은 이점들이 있습니다. 우선, 승무원들은 다른 문화와 배경의 많은 사람들을 만날 수 있는데, 이러한 것들이 그들을 더 흥미 진진하게 만들 것입니다. 두 번째로 승무원이라는 직업은 세계를 여행하면서 다양한 승무원들과 일하기 때문에 정적이기 보다는 더 역동적으로 보입니다. 세 번째로 승무원들은 기내에서 최상의 서비스를 제공하고 어려운 승객들에 대처할 때에 보람과 만족을 느낄 수 있으리라 생각이 됩니다.

However, there is no perfect job. When I have to talk about some disadvantages of flight attendant jobs, first, flight attendants need to travel too much which could make passive and static people really tired. Also, their irregular working time could make them exhausted.

하지만, 완벽한 직업이란 없습니다. 제가 승무원이라는 직업의 단점에 대해서 말한다면, 승무원들은 여행을 많이 해야 하기 때문에 수동적이고 정적인 사람들을 피곤하게 느끼게 할 것입니다. 또한 불규칙한 근무 시간은 그들을 힘들게 할 것입니다.

However, I'm kind of an energetic and active person who has liked to travel a lot since my childhood. I'm quite used to irregular working hours and I'd rather prefer a service job through my long-term part-time work experience.

하지만, 저는 저의 어린 시절부터 여행하는 것을 많이 좋아했던 열정적이고 활동적인 사람입니다. 저는 오랜 기간의 파트타임 직업 경험으로 인해 불규칙적인 근무 시간에 익숙하고 서비스 업무를 더 선호합니다.

Example
3

There are lots of advantages of being a flight attendants regarding obtaining various experiences through meeting various people and culture.

다양한 사람들과 문화를 접하는 것을 통해서, 다양한 경험을 얻는 데에 있어서 승무원이 되는데 에는 많은 이점이 있습니다.

I personally enjoy meeting new people and interacting with them. By mingling with them, I can develop interpersonal skills as well.

저는 개인적으로 새로운 사람들을 만나고 그들과 교류하는 것을 즐깁니다. 그들과 어울림으로서 저 또한 대인관계 기술을 배울 수 있습니다.

Also I would feel rewarded with delivering customized service to each passengers and handling some irregular situation.

또한 저는 맞춤형서비스를 제공하고 불규칙적인 상황들을 해결하면서 보람을 느낄 것입니다.

On the other hand If I need to pick up some disadvantages of being a cabin crew, I think facing jet lag would be quite stressful. However, in my sense, I would overcome it well, since I'm a quite adaptable and energetic person who are healthy both in physically and mentally.

한편, 제가 승무원의 단점을 뽑아야 한다면, 시차는 꽤 스트레스를 주리라고 생각합니다. 하지만 제가 생각하기에 저는 정신적, 육체적으로 건강한 적응력이 좋고 에너지 넘치는 사람이기 때문입니다.

 Write by yourself 본인이 생각하는 승무원의 장단점에 대해서 말하시오.

_____

_____

_____

Q2

What do you think (know) about cabin attendant's job?

What do you think that a flight attendant is?

승무원의 직업에 대해서 어떻게 생각하십니까?

Tips

승무원의 직업에 대한 본인의 생각을 긍정적으로 서술한다. 모든 직업에는 단점이 있지만 승무원 직업의 단점도 본인은 장점으로 승화시킬 수 있다는 자신감을 피력하자.

I think that the main job of the flight attendant is to help passengers travel safely and pleasantly in-flight. Flight attendants not only serve passengers with food and drinks but also make sure they travel safely and comfortably. Those are the reasons why the flight attendant jobs require great responsibility and are different from other service jobs on the ground.

승무원의 주된 직업은 기내에서 승객들이 안전하고 즐겁게 여행하도록 돕는 것입니다. 승무원들은 단지 승객에게 음식과 음료를 제공해 주는 것뿐만 아니라 그들이 안전하고 편안하게 여행하도록 하여야만 합니다. 이러한 것들이 왜 승무원이라는 직업이 큰 책임을 요하고, 지상에서의 타 서비스 직업과 다른 이유입니다.

Flight attendants are the ones who serve passengers directly in-flight. Their pleasant and satisfying service would impact on their airlines' images and bringing passengers returning positively. Therefore, the role of the flight attendants is decisively important and valuable in the airline industry.

승무원들은 기내에서 직접적으로 승객을 서비스하는 사람입니다. 그들의 즐겁고 만족을 주는 서비스는 그들 항공사의 이미지와 재이용 고객에 긍정적으로 영향을 미칠 것입니다. 그러므로 승무원들의 역할은 항공업계에서 상당히 중요합니다.

I think that cabin attendants are responsible for giving a pleasant service as well as helping passengers travel safely. They are the ones giving the service to passengers directly in-flight. I think when passengers receive great and satisfying service from cabin attendants; they will be returning passengers again.

In this sense, flight attendant jobs are very important and valuable.

저는 승무원은 유쾌한 서비스를 제공해 주는 것은 물론 승객들이 안전하게 여행하도록 도와주는 데에 책임을 다하여야 한다고 생각합니다. 그들은 기내에서 직접적으로 승객에게 서비스를 하는 사람들입니다. 승객들이 승무원으로부터 훌륭하고 만족스러운 서비스를 받을 때에 그들은 재 이용 승객이 되리라고 생각 합니다. 이러한 면에서, 승무원이라는 직업은 매우 중요하고 가치 있는 일입니다.

I think flight attendants are in charge of the whole service from passengers' boarding until their landing. Flight attendants not only serve passengers with food and drinks but also make sure (that) they travel safely and comfortably.

승무원인 승객의 탑승에서 승객의 하기까지 모든 서비스에 책임을 지고 있는 사람들입니다. 승무원들은 승객에게 음식과 음료를 서비스 하는 것뿐만 아니라 그들이 안전하고 문제 없이 여행하도록 책임을 다합니다.

Flight attendants are the ones who serve passengers consistantly with traveling from one destination to another. I think those are the main reasons why the flight attendant jobs are unique and different from the other service jobs on the ground.

승무원들은 한 장소에서 다른 장소로 여행하면서 지속적으로 승객들에게 서비스합니다. 이러한 것들이 왜 승무원이라는 직업이 지상의 다른 서비스 직업과 다르고 유일한지에 대한 이유입니다.

Their pleasant and satisfying service would impact positively on the airline's image which leads a lot of passengers returning. Therefore, I think that the role of the flight attendant is decisively important and valuable in the airline industry.

그들의 유쾌하고 만족을 주는 서비스는 항공사의 이미지에 긍정적으로 영향을 주고 많은 승객이 다시 이용하게 할 것입니다. 그러므로, 저는 승무원의 역할이 항공산업에서 매우 중요하고 가치가 있다고 생각합니다.

I think cabin attendants should paly an important role in-flight by taking care of passengers with a full responsibility. No matter who they are, regardless of the young, old, or disabled, passengers should be treated with the best service by cabin attendants.

저는 승무원은 큰 책임감으로 승객을 돌보면서 기내에서 주요한 역할을 수행한다고 생각합니다. 그들이 젊거나, 노인이거나, 장애우이던 상관없이 승객들은 객실승무원에 의해서 최고의 서비스로 대우 받아야 합니다.

Even though it is not easy to deal with irritable passengers, cabin attendants should not lose their tempers and be nice to passengers all the time with a positive attitude.

힘든 승객을 대하는 것이 쉽지 않을지라도, 승무원은 화를 내지 않아야하며, 긍정적인 태도로 항상 승객을 좋게 대해야 합니다.

Also, when emergency situations happen, they handle them with a confidence for passengers' safety.
I believe that cabin attendants need a great deal of responsibility, confidence, and positiveness in order to deliver customized service and keep passengers' safety.

또한 비상사태가 발생 했을 때, 승객의 안전을 위해서 확신을 가지고 대처해야 합니다.
저는 승무원들은 고객 맞춤형서비스를 제공하고 승객의 안전을 지키기 위해서 상당한 책임감과 확신, 그리고 긍정적 태도가 필요하다고 생각 합니다.

✎ Write by yourself 승무원이 어떤 직업이라고 생각하세요?

_____

_____

_____

_____

Q3

What kind of characteristics are important to become a flight attendant?

승무원이 되기 위해서는 어떤 성격들이 중요합니까?

승무원이 되기 위한 자질이 무엇이 필요한지 미리 정리 해 놓자. 예를 들면 긍정적인 마인드, 배려하는 마음, 인내력, 융통성, 책임감 등과 육체적 정신적으로의 건강 등 자신이 승무원이 되기 위한 자질로 생각했던 항목들을 말한다.

I think flight attendants should be patient, generous, and flexible. Flight attendants need to serve various passengers from different backgrounds and cultures with their patience, generosity, and flexibility. Especially their flexibility is quite important.

저는 승무원은 인내력이 강하고, 관대하고, 융통성이 있어야 한다고 생각 합니다. 승무원은 그들의 인내심과 관용 그리고 융통성을 가지고 다른 배경과 문화의 다양한 승객들을 서비스 하여야 합니다. 특히 그들에게 융통성은 꽤 중요합니다.

Flight attendants should not be biased but open-minded whoever and whatever they are faced with. With this attitude, flight attendants can give the best and satisfying service as the representative of their airline.

승무원은 편협되지 않아야 하며 그들이 누구를 만나든지 무엇을 접하든지 마음이 열려 있어야 합니다. 이러한 성격으로 그들 항공사의 대표자로서 승무원은 최상의 그리고 만족스러운 서비스를 줄 수가 있습니다.

I think flight attendants should be outgoing, friendly and warm-hearted.

저는 승무원들은 외향적이고 다정하고 마음이 따뜻해야 한다고 생각합니다.

Their job is to meet many people and work for them, thus, outgoing and friendly flight attendants can make passengers feel comfortable and pleasant.

그들의 일은 많은 사람을 만나고 그들을 위해서 일을 하는 것이며, 그래서 외향적이고 다정 다감한 승무원은 승객들을 편안하고 즐겁게 만들 수가 있습니다.

Also, their warm-hearted service would satisfy and touch the passengers who totally depend on the cabin crew in-flight.

또한 그들의 따뜻한 마음에서 우러나는 서비스는 비행기에서 전적으로 승무원에게 의존하고 있는 승객들을 만족시키고 감동시킬 수가 있습니다.

Flight attendants are vulnerable to fatigue caused by jet lag and long working hours. Therefore, they need to keep themselves healthy both physically and mentally.

승무원들은 시차와 장시간 근무시간으로 인해서 피로함을 느낄 수 있습니다. 그래서, 그들 자신이 육체적 정신적으로 건강하게 유지할 필요가 있습니다.

I think flight attendants should be smiley, warm-hearted and positive.

저는 승무원은 미소를 지니고 있어야 하고, 마음이 따뜻하고 긍정적이어야 한다고 생각합니다.

As far as I know, flight attendants are called as 'a diplomat of the sky'. Many domestic and international passengers meet flight attendants consistently while they travel by flight.

제가 알기로는 승무원은 '하늘에서의 외교관' 이라고 불려집니다. 많은 국내 · 외의 승객들은 항공기로 여행 할 때에 지속적으로 승무원과 접촉을 합니다.

Bright smiles of flight attendants can give good impressions on various passengers, especially; foreign passengers could get their first impression about our country from flight attendants' attitude and manners.

승무원들의 밝은 미소는 다양한 승객들에게 좋은 인상을 줄 수가 있고, 특히, 외국 승객들은 승무원의 태도와 매너로부터 우리 나라에 대해 첫 인상을 받을 수가 있습니다.

Positive and warm-hearted flight attendants could give the most pleasant and satisfying service. Therefore, flight attendants could make passengers be deeply impressed with their positive and warm-hearted service.

또한 긍정적이고 마음이 따뜻한 승무원은 가장 즐겁고 만족스러운 서비스를 제공 할 수가 있습니다. 그래서, 승무원들은 긍정적이고 따뜻한 서비스로 승객들을 감동 시킬 수가 있습니다.

I think patience and confidence are the most important aspects of becoming a flight attendant.

Even though flight attendants face irritable passengers on long-distance flight, they need to be patient and be favorable to passengers under what circumstances.

저는 인내와 확신이 승무원이 되는 데에 가장 중요한 면이라고 생각합니다.

승무원이 장거리 비행어서 힘든 승객을 만나더라고, 그들은 인내력이 있어야 하고 그리고 어떤 상황에서도 승객에게 호의적이어야 합니다.

I'm able to deal with customers with a patience since I've worked at the wedding haul for a long period of time.

Also, being confident is highly required when flight attendant face emergency or unexpected situations.

They should know how to react properly and keep passengers' safety and security.

I would be able to deal with unexpected situations and cases with a big confidence and responsibility.

저는 오핸 기간 동안 웨딩홀에서 일했기 때문에 인내력으로 승객을 대할 수 있습니다.

· 또한, 확신을 가지는 것은 승무원이 비상 상황이나 갑작스러운 상황에 부딪혔을 때 매우 요구되어집니다.

그들은 적절하게 대처하는 방법을 알아야하고, 승객의 안전과 보안을 지켜야 합니다.

저는 큰 확신과 책임감으로 예기치 않은 상황과 일들에 대처할 수 있으리라고 확신합니다.

📝 Write By yourself 승무원의 직업에 있어서 중요한 자질을 말하시오.

_____

_____

_____

_____

_____

_____

_____

_____

_____

잠깐

☀ 승무원의 장점 advantages of flight attendants as a job

▶ Flight attendants can ···.

❶ visit (travel) many different places around the world which help them experience different cultures and customs.

많은 다른 장소를 여행하고 방문할 수가 있는데 이러한 것들은 다른 문화와 관습을 경험하도록 도와줍니다.

❷ meet various people from different countries and backgrounds.

다른 나라와 배경으로부터의 다양한 사람들을 만납니다.

❸ work with various people, which make them learn and practice interpersonal skills.

다양한 사람들과 일하는 것은 대인 관계를 배우고 실행할 수 있게 합 니다.

❹ work flexibly and actively on the plane for people from the world, every day would be like a new day and a challenge.

세계의 사람들을 위해서 기내에서 융통성 있고 활동적으로 일하는데, 매일이 새로운 날이고 도전입니다.

☀ 승무원의 단점 disadvantages of flight attendants as a job

▶ Flight attendants need to ···

❶ work long hours for a long flight, but I'm used to working for long hours.

장거리 비행 때는 오랜 시간 동안 일해야 하지만, 저는 장시간 일하는 것에 익숙합니다.

❷ handle some difficult passengers but irritable customers could be in any other service field.

어려운 승객을 다루어야 하지만 타 서비스 분야에서도 까다로운 승객은 있습니다.

❸ travel here and there so that they may feel like not settling down in one place for any length of time, but I'm not a static person and would rather enjoy diverse situations.

이곳 저곳을 여행을 해서 일정기간 동안 한 장소에서 정착하지 못하는 듯한 느낌을 가질 것입니다. 하지만, 저는 정적인 사람이 아니고 다양한 상황을 더욱 즐깁니다.

❹ have a big responsibility and it is not always easy working on board, however, I would be more satisfied after dealing with difficult situations with a big responsibility.

큰 책임감을 가져야 하고 기내에서 일하는 것이 항상 쉽지는 않지만, 저는 큰 책임감으로 어려운 상황들을 다룬 후에 더욱 만족할 것입니다.

Chapter 05

Reasons to be a flight attendant

 승무원이 되려는 지원 동기를 물어 보는 질문으로서 가장 기본적이지만 지원 동기를 구체적이고 현실적으로 소신 있게 피력하자.

단순히 여행이 좋아서 승무원의 겉모습이 예쁘고 좋아서, 혹은 비교적 근무 조건이나 급여 수준이 높아서 등의 답변을 하기 보다는 구체적으로 승무원이 되려 결심했던 계기나 동기를 피력하여 면접관에게 강한 인상을 남기자.

본인의 성격과 경험에 근거를 두고 승무원이 된 후에 어떠한 어려움도 이겨 낼 수 있다는 자신감을 보이고, 면접관에게 신뢰와 믿음을 줄 수 있도록 하자.

이때 면접관은 책임감이 강한지, 주어진 일을 끝까지 해낼 수 있는 의지를 가지고 있는지, 다양한 동료와 일하면서 협동심을 발휘할 수 있는지를 중요시하여 판단한다.

Ⓠ Why do you want to become a flight attendant?

Why did you decide to become a flight attendant?

왜 승무원이 되려고 합니까?

Ⓠ Why do you think this job is right for you?

Why is this job right for you?

왜 이 직업이 당신에게 맞는다고 생각을 합니까?

Ⓠ Why do you apply for this company?

What made you to decide to apply for this company?

왜 이 회사에 지원을 했습니까?

Q1

Why do you want to become a flight attendant?

Why did you decide to become a flight attendant?

왜 승무원이 되려고 합니까?

I want to become a flight attendant because I love to meet and work for many people from around the world. Also, it has been my dream to travel and see various places.

저는 전 세계의 사람들을 만나고 그들을 위해서 일하고 싶기 때문에 승무원이 되기를 원합니다. 또한, 많은 다양한 장소를 보고 여행하는 것은 저의 꿈입니다.

If I become a flight attendant, I can work for people from around the world while I'm traveling. I have been preparing to become a flight attendant since my high school days and I believe I am well qualified for this position.

제가 승무원이 된다면 저는 여행을 하면서 전세계로부터의 사람들을 위해서 일할 수 있습니다. 저는 승무원이 되기 위해서 고등학교 시절부터 승무원이 되기 위해서 준비를 했었고 이 직무를 위해서 자격이 갖추어져 있다고 믿습니다.

When I traveled to USA last time, I was quite impressed by the service given by the flight attendants. They gave me warm and comfortable services during the whole flight with their bright smiles.

지난번 제가 미국으로 여행을 할 때에, 승무원의 서비스에 꽤 감동을 받았습니다. 그들은 비행 동안 밝은 미소로서 따뜻하고 편안한 서비스를 해 주었습니다.

Although it was such a long flight, I was not tired or bored due to the flight attendants' nice service. Even when flight attendants served foreign passengers, they could serve foreign passengers with their fluent English in a nice manner.

비록 장시간이었지만, 승무원의 좋은 서비스 때문에 지루하거나 피곤하지 않았습니다. 승무원이 외국인에게 서비스 할 때 조차도 좋은 매너와 유창한 영어로 서비스 할 수 있었습니다.

Afterwards, I have admired flight attendants much more than before and have dreamed to become a confident flight attendant like them.

그 후에 저는 이전보다 더욱 승무원을 칭찬하게 되었고 그들과 같은 확신이 있는 승무원이 되기를 꿈꿔 왔습니다.

There are some reasons why I want to become a flight attendant. As far as I know, each cabin crew may have different team members every flight or in every few month. Thus they need to mingle with various people and adapt themselves to new situations. I believe I can quickly adapt to new people and situations with my social and outgoing personality.

제가 승무원이 되려는 데에는 여러 가지 이유가 있습니다. 제가 아는 한 승무원은 매번의 비행시나 몇 달에 한번씩 다른 팀 구성원을 만납니다. 그래서 그들은 다양한 사람들과 잘 어울려야 하고 새로운 상황에 잘 적응 해야만 합니다. 저는 사교적이고 외향적인 성격으로서 새로운 사람들과 상황에 잘 적응 할 수 있습니다.

Also, I'm well qualified for the service field from my job experience and my major, Aviation Service. I worked as a waitress in Lotte Hotel restaurant whenever I was on my school vacation, where I learned service skills and manners, as well as interpersonal skills.

무엇보다도, 저는 저의 직업 경력과 전공, 항공서비스 분야로부터 서비스 분야에 자질이 잘 갖추어져 있습니다. 저는 학교 방학 때마다 롯데 호텔 레스토랑에서 일하였는데 그곳에서 서비스 기술과 매너는 물론 대인 관계 방법을 배웠습니다.

I will certainly give passengers the best service based on my past job experience from my heart. Above all, I'm sure I'll enjoy and keep pride working as a flight attendant.

저는 마음으로부터 직업 경력에 바탕을 두어서 승객에게 최상이 서비스를 제공 할 것을 확신합니다. 무엇보다도, 승무원으로서 일하면서 자부심을 가지고 일을 즐길 것을 확신합니다.

I have dreamed to become a flight attendant since I was a high school student. I believed I would be suitable for the job of flight attendant because I'm very flexible and can easily adapt myself to new situations.

저는 고등학교 때부터 승무원이 되려고 꿈 꿔왔습니다. 매우 융통성이 있고 새로운 상황에 쉽게 적응 할 수 있기 때문에 승무원이라는 직업에 적절하다고 믿습니다.

As far as I know, flight attendants should be flexible when they deal with various passengers, and adaptable to different situations.
Therefore, I will certainly fit in this job considering my characteristics.

제가 아는 한 승무원이라는 직업은 다양한 승객에 대응할 때에 융통성이 있어야 하고 다른 상황에 잘 적응해야 한다고 생각합니다. 그러므로 이러한 저의 성격들을 고려해 볼 때 이 직업에 적절 할 것입니다.

When I was an elementary school student, I took a flight to Seoul from the U. S by myself. I was nervous and terrified of taking a flight alone. However, I comfortably and safely arrived in Seoul by virtue of UM service in-flight.

제가 초등학생이었을 때, 저는 미국에서 서울로 가는 비행기를 혼자 탔습니다.

저는 긴장이 되었고 혼자 비행기를 탄다는 것이 무서웠습니다. 하지만, 기내의 UM 서비스 덕분에 서울에 편안하게 무사하게 도착할 수 있었습니다.

During the whole flight, flight attendants checked on me every single time and initiated a conversation with me.
I was so much impressed and appreciated by their warm service. It was my first time to observe what the flight attendant do in-flight. I became to understand about their job and realized how important their role is.
Since then, I was determined to become a flight attendant assisting and helping various passengers in-flight.

*UM(unaccompanied minor) 동반자 없는 어린이 여객

전체 서비스 동안에 승무원들은 매시간 저를 살폈고 말을 걸었습니다. 저는 그들의 따뜻한 서비스에 무척 감명 받았고 감사함을 느꼈습니다. 비행기에서 승무원들이 무엇을 하는지 관찰하게 된 첫 번째 시간이었습니다. 저는 그들의 직업에 대해서 이해를 하게 되었고 그들이 역할이 얼마나 중요한지를 알게 되었습니다. 그이후로 저는 기내에서 다양한 승객을 돕고 보조하는 승무원이 되기로 마음먹었습니다.

Example 6

There are some reasons why I want to become a flight attendant.
The first reason is because of my sociable and outgoing personality. I've involved in a lot of group activities such as sports clubs and school orchestra so that I adapt myself to the new circumstances and situations.

첫 번째 이유는 저의 사교적이고 외향적인 성격 때문입니다. 저는 제 스스로 새로운 환경과 상황에 적응하기 위해서 스포츠클럽과 교내 오케스트라와 같은 많은 그룹 활동에 가입해 왔습니다.

Another reason is because of my major, Airline Service. I've learned not only lots of service knowledge and skills but also foreign language skills from my major in order to become a competent flight attendant. Therefore, I believe I'm well qualified for this position with my sociable and outgoing personality as well as speciality.

제가 승무원이 되려고 하는 데는 여러 가지 이유가 있습니다.

또 다른 이유는 제 전공, 항공서비스 때문입니다. 저는 유능한 객실승무원이 되기 위해서 전공으로부터 서비스 지식과 기술뿐만이 아니라 외국어 또한 습득했습니다. 따라서 저는 사교적이고 외향적인 성격과 전공으로 이 직무에 자질이 갖춰져 있다고 생각합니다.

 Write By yourself 승무원이 되려고 하는 이유에 대해서 쓰시오.

_____

_____

_____

_____

Q2

Why are you applying to our company?

왜 우리 회사에 지원했습니까?

 다른 항공사가 아닌 우리 항공사에 왜 지원을 했는지 구체적인 이유를 물어보는 질문으로서 회사에 대해서 미리 조사한 부분을 말하고, 회사에 대하여 호의적으로 언급하여 면접관을 기분 좋게도 하고, 앞으로 입사하게 되면 회사에 어떻게 기여 해야 할지를 답하도록 하자!

 There are a lot of reasons why I want to become a flight attendant of your company. Your airline is widely recognized in the world with the best in-flight service and reputation.

제가 귀사의 승무원이 되려는 데에는 많은 이유가 있습니다. 귀 항공사는 최상의 서비스와 좋은 평판으로 전세계적으로 알려진 항공사입니다.

Also, I heard that many passengers prefer to choose your airline so your employees take a big pride in your company.

I think it is the result from the management oriented to customers and employees.

또한, 많은 승객들은 귀 항공사를 선택하는 것을 선호하고 직원들은 귀항공사에 대해서 높은 자부심을 가지고 있다고 들었습니다. 저는 이것이 고객과 직원을 우선시 하는 기업 경영의 결과라고 생각합니다.

If I become a member of your company, I'll be a dedicated and loyal cabin crew contributing to your company's reputation.

만약에 제가 귀 항공사의 일원이 된다면, 저는 귀 항공사의 평판에 기여하는 헌신적이고 충직한 승무원이 되겠습니다.

Your airline has grown so fast since your airline was launched in 1969. Also, your company has gotten a very good reputation all over the world not only in Korea. Many Koreans admire your company with your outstanding service, as well as various and convenient destinations.

귀 항공사는 1969년에 시작한 이래로 매우 빠르게 성장하여 왔습니다. 또한 귀 항공사는 한국에서뿐만 아니라 전세계에서도 매우 좋은 평판을 얻어오고 있습니다. 많은 한국 사람들은 귀 항공사의 뛰어난 서비스뿐만 아니라 다양하고 편리한 취항지로 인해서 감동을 합니다.

If I work for your company, I would be an asset of your company and contribute to your rapid-growth with my sincerity and warmth.

만약에 귀 항공사를 위해서 일하게 된다면, 저의 정직성과 따뜻함으로 귀사의 빠른 성장에 기여할 수 있는 자산이 될 것입니다.

I've dreamed to work for a company in which my service experience and skills can be used up to the maximum.
Also, I've been looking for a challenging and rewarding career which I can grow with the company. I want to be

a leader who can lead other staff members to the good teamwork in the future.

저는 저의 서비스 경험과 기술을 최대로 사용될 수 있는 회사를 위해서 일하는 것을 꿈꿔왔습니다. 또한 저는 회사와 함께 성장할 수 있는 도전 할 수 있고 보람을 느끼는 직업을 찾아왔습니다. 저는 미래에 좋은 팀워크로 다른 직원을 이끄는 리더가 되기를 원합니다. 대한항공은 아주 빠르게 성장하는 항공사로서 좋은 평판과 이미지를 가지고 있습니다.

Korean Air has a great reputation and image as a very fast growing Airline in the world. I would like to expand my career as a flight attendant of Korean Air. I believe that I can provide the best service based on my service experience and minds.

저는 대한항공의 승무원으로서 본인의 커리어를 확장해 나가고 싶습니다. 저의 서비스경험과 마인드를 기반으로 최고의 서비스를 제공할 수 있으리라고 믿습니다.

Example 4
Asiana Airlines

When I traveled to Taiwan during my high school days, I was quite impressed by the service given by the flight attendants of Asiana Airlines.
They gave us warm and comfortable service during the whole flight with their bright smiles. Afterwards, I have dreamed to become a flight attendant of Asiana Airlines.

저는 고등학교 시절 대만으로 여행할 때에 아시아나 항공의 승무원이 해준 서비스에 의해서 꽤 감명받았습니다. 그들의 밝은 미소로서 따뜻하고 편안한 서비스를 해주었습니다. 그이후로 아시아나 항공의 승무원이 되기를 꿈꿔왔습니다.

I would be suitable for the job of flight attendant because I'm very flexible, sensible, and adaptable to new situations. Also, I believe that I'm well qualified for the service job from my job experience working in a fast food restaurant and a cinema.

저는 매우 융통성이 있고 감각이 있고, 새로운 상황에 잘 적응하기 때문에 승무원의 직업에 적합할 것입니다. 또한 패스트푸드 식당과 극장에서 일한 경험으로 서비스 직종에는 자질이 잘 갖추어져 있다고 믿습니다.

I'm sure I'll enjoy working and be a role model as a flight attendant, if I become a flight attendant of Asiana Airlines.

만약에 아시아나 항공의 일원이 된다면 일하는 것을 즐기고 객실승무원으로서 롤 모델이 될 것입니다.

I really want to be a flight attendant of your company with two main reasons.

First of all, I've always admired the atmosphere and image of your company, which is bright, sophisticated, and warm. I believe I would fit well with your company with my bright and warm characteristics.

Secondly, your airline is widely recognized in the world with the high standard of in-flight service. Therefore, I would be so much proud to deliver your high standard service to passengers and satisfy them. I'm sure that I can be a bright and hard-working flight attendant of your company.

저는 두 가지 이유로 당신 회사의 객실승무원이 되고 싶습니다.

우선, 저는 당신 회사의 밝고 세련되며, 따듯한 분위기와 이미지를 항상 찬사해왔습니다. 저의 밝고 따듯한 성격은 당신 회사에 잘 맞을 것이라고 믿습니다.

두 번째로, 당신의 항공사는 세계에서 높은 수준의 기내 서비스로 널리 알려져 있습니다. 그래서 저는 높은 수준의 서비스를 수행하고 고객을 만족시키는 것에 자부심을 느낄 것입니다. 저는 밝고 열심히 일하는 객실승무원이 될 수 있으리라 확신합니다.

Write By yourself

잠깐

☀ 승무원이 되는 것의 이점 Benefits to become a flight attendant!!

❶ Travel the world and experience various cultures and customs.

전세계를 여행하고 다양한 문화와 관습을 경험할 수 있다.

❷ Meet various people and practice interpersonal skills.

다양한 사람을 만나고 인간 관계 기술을 실행할 수가 있다.

❸ Enjoy flexible days off (from 13 to 17 days off per month).

융통성 있게 휴무를 즐길 수가 있다(한달에 13일에서 17일까지 될 수 있음).

❹ Get free or reduced airline tickets and some other travel benefits for myself and my family.

나와 내 가족을 위해서 무료나 할인된 비행기 티켓이나 여행 혜택을 받을 수가 있다.

❺ Get fringe benefits over medical care, health and life insurance, accommodation and transportation fees.

의료, 건강과 생명보험과 숙소와 교통비 등에 있어서 부가 혜택을 받을 수가 있다.

❻ Enjoy flexibility of working hours-sometimes work long hours or short hours. It is not a 9 to 5 daily routine.

근무시간을 신축성 있게 즐긴다 – 때때로 장시간 일하거나 짧은 시간 일한다. 9시부터 5시까지 일하는 일상적인 일은 아니다.

❼ Be more independent when they work on a flight.

기내에서 일할 때에 더욱 독립적으로 된다.

❽ Be more responsible due to their safety and security duty.

그들의 안전 보안 업무 때문에 더욱 책임감이 강해진다.

❾ Feel proud and rewarded by giving satisfying services to passengers.

승객들에게 만족스러운 서비스를 제공하면서 자부심과 보람을 느낀다.

Chapter 06

Job Experience

 Tips

재학 시나 졸업 후에 파트타임 경험이나 직업경험을 묻는 질문으로서 어려웠던 경우, 보람을 느꼈던 경우, 주로 서비스 직종과 같은 일의 경험과 그로부터 얻은 교훈을 덧붙여 답변하자. 서비스 경험이 아니더라도 일한 경험을 통해서 얻었던 것, 배웠던 것 그리고 느꼈던 것 위주로 솔직하게 표현하자. 특히 외국 항공사의 경우에는 일한 경력을 비중 있게 물어볼 수가 있다. 혹은 일한 경험이 없는 경우에는 학업에 매진하기 위해서, 다양한 봉사 활동과 학업이나 학교 활동을 하기 위해서 일한 경험이 없다는 것을 진실되게 말하도록 하자.

Q Would you please tell us about your part-time or any job experience?

Have you experienced any part time jobs?

Did you have any part time jobs?

What kind of part time jobs have you experienced?

파트타임 직업 경력이 있습니까?

Q Did you work during your college days?

학교 재학 시에 일한 경험이 있습니까?

Q What experiences do you have for this cabin crew job?

승무원의 직업을 위해서 무슨 경험이 있습니까?

Q Can you tell us about your present job?

What do you do for a living?

당신의 현재의 직업에 대해서 말해 주시겠습니까?

Q Can you tell me about your working experience?

당신의 직업 경력에 대해서 말해 주시겠습니까?

Q What did you learn or gain through your job experience?

당신의 직업 경험을 통해서 얻거나 배운 것은 무엇입니까?

Q What was the most difficult thing that you have ever faced in your job?

당신의 직업에서 겪었던 가장 어려운 것은 무엇이었습니까?

Q1

Would you please tell us about any of your working experience during your school days?

당신의 파트타임이나 직업 경력에 대해서 말해 주시겠습니까?

Part - Time 이나 일한 경험이 없을 때 ······

No, I didn't work during my college days. I spent most of my time focusing on my studies and my extracurricular activities.

아니요. 저는 대학 다닐 때에 일한 경험이 없습니다. 대부분의 저의 시간을 학업과 교외 활동으로 보냈습니다.

Part - Time 이나 일한 경험이 있을 때……

Yes, I worked for a part-time job at a wedding hall during my college days. I assisted a lot of people who needed my help. It was also a good opportunity for me to practice the service skills I had learned from my major, aviation and tourism service.

예. 저는 대학시절 동안에 결혼식장에서 파트 타임으로 일했습니다. 저의 도움이 필요한 많은 사람들을 도왔습니다. 그것은 또한 저의 전공, 항공관광 서비스에서 배웠던 서비스 기술은 실행할 수 있는 좋은 기회였습니다.

Most of the income I earned was spent on my tuition fee. I tried to financially support myself so I could have helped my parents. My parents are very proud of me being responsible and financially independent.

제가 벌은 대부분의 돈은 저의 학비로 사용하였습니다. 저는 제가 벌은 돈에 있어서 책임감을 가지려고 노력하였고 그래서 경제적으로 부모님을 도울 수 있었습니다. 저의 부모님은 책임감이 있고 경제적으로 독립적인 저에게 자부심을 가지고 계십니다.

Tips

What did you do with your money you earned during your school days?
당신이 번 돈으로 무엇을 하였습니까? 라는 추가 질문이 나올 수 있으니 준비하도록 하자.

I had a part-time job working as a waitress at a western restaurant during my school days. I worked there since I had entered my college. At first, I went through some difficulties, when I dealt with irritable and complaining customers.

저는 학교 재학 시에 서양식 레스토랑에서 웨이츄레스로서 파트 타임으로 일했습니다. 저는 대학에 입학하면서부터 그곳에서 일해왔습니다. 처음에는 까다롭거나 불만을 토로하는 고객을 응대할 때에 약간의 어려움이 있었습니다.

But as time went by, it was getting easier for me to handle them, because I had got to understand customers more than before. Also, I learned more sophisticated service skills and manners there.

하지만 시간이 지나면서, 그들에게 응대하는 것이 쉬워졌는데, 이전보다 고객의 입장을 이해하게 되었기 때문입니다. 저는 그곳에서 더 세련된 서비스 기술과 매너를 배웠습니다.

Yes, I had consistently worked in the service field such as a restaurant and a department store during my college days.
I worked as a waitress in a family restaurant and learned service skills and became service-minded in order to become a flight attendant.

예. 저는 대학 재학 시에 레스토랑이나 백화점과 같은 서비스 분야에서 지속적으로 일해왔습니다. 저는 패밀리 레스토랑에서 웨이츄레스로서 일했고 승무원이 되기 위해서 필요한 서비스 기술과 마인드를 배웠습니다.

Also, I worked as a receptionist in a department store where I needed to meet various customers' needs and learned how to satisfy customers in a nice manner and proper information.

또한, 백화점에서 안내원으로서 일했는데, 그곳에서 다양한 고객의 요구에 응대하고 좋은 매너와 적절한 정보로 고객들을 어떻게 만족시키는지를 배웠습니다.

Yes, I have worked at the family restaurant as a part-time job during my school days. Sine it was located near the Central Government Complex, there were a lot of foreign customers and executives in high position of government organization.
I needed to serve various customers with nice manners and the best service. Every night after working, I practiced how to say 'hello' with their own language and thought over how to make customers pleasant and comfortable.

예. 저는 학교에 다니는 동안에 파트-타임으로 베이커리에서 일했습니다.
중앙정부청사 근처에 위치하여 있기 때문에, 정부 조직의 높은 위치의 외국인 손님들과 경영진이 많았습니다. 저는 좋은 매너로 다양한 고객에게 서비스를 제공할 필요 있습니다. 저는 좋은 매너와 최상의 서비스로 다양한 고객을 서비스하여야만 했습니다.

일이 끝난 후 매일 밤, 저는 그들의 언어로 인사하는 것을 연습하였고, 어떻게 고객을 즐겁고 편하게 만들지를 고민했습니다.

Eventually, I was able to learned how to deliver the best service and meet their needs. Thanks to the service experience and skills which I've acquired, I was able to understand more about the service. I'll play an important role by making all the effort in order to satisfy passengers as a professional flight attendant.

결국은, 저는 어떻게 최선의 서비스를 제공하고 그들의 요구를 맞추는지를 배울 수 있었습니다. 제가 습득한 서비스 경험과 기술 덕에 저는 서비스에 대해서 더욱 많이 이해 할 수 있었습니다. 저는 전문승무원으로서 승객을 만족시키기 위해서 모든 노력을 함으로서 중요한 역할을 할 것입니다.

Yes, I've worked for a part-time job at the cafe and Fastfood restaurant for the last two years. At first, it was hard for me to handle too many things at the same time like preparing some food, serving customers and settling money. However, I became the most experienced worker working with many juniors and leading my team. I learned how to work accurately in a speedy and nice manner.

저는 지난 2년 동안 카페와 패스트푸드 레스토랑에서 시간제근무 직으로 일했습니다. 처음에는 음식을 준비하고, 고객에게 서비스하며 돈을 정산하는 것과 같이 동시에 많은 것을 수행하는 것이 힘들었습니다. 하지만, 저는 많은 후배와 일을 하고 그룹을 이끄는 가장 경험이 있는 직원이 되었습니다. 저는 신속하고 좋은 태도로서 어떻게 정확하게 일하는지를 배웠습니다.

 Write By yourself 직업이나 일한 경험에 대해서 말해 보시오.

_____

_____

What did you learn or gain through your job experience?

당신의 직업 경험으로부터 무엇을 배웠습니까?

Tips

파트 타임이나 직장 근무 시에 배우고 느꼈던 점을 이야기한다.

경험담이나 사례를 이야기 하며 근무시 배운 점을 이야기 해도 괜찮다.

While I was working as a waitress in a cafe, I had to handle some difficult customers. At First, I didn't know how to deal with them, and felt embarrassed and awkward. However, I had to be confident with serving various customers and dealing with difficult situations with understanding and patience.

제가 카페에서 일할 때에 몇몇의 어려운 고객들을 응대하여야만 했습니다. 처음에 저는 어떻게 그들을 대처해야 하는지를 몰랐고, 당황도 했고 소심했습니다. 하지만, 저의 이해력과 인내심으로 다양한 고객을 서비스하고 어려운 상황에 대처하는 데에 확신을 가지게 되었습니다.

When I gave satisfying service to customers with my warmth and sincerity, customers looked much happier and appreciated, and they often became returning customers. I believe this experience will help me become a confident cabin crew to better understand passengers.

저의 따뜻함과 진실성으로 고객에게 서비스하였을 때, 고객들은 더 행복해 보이고 감사해했으며, 그리고 그들은 자주 재이용 고객이 되었습니다. 저는 이러한 경험이 승객을 더욱 잘 이해하는 확신이 있는 승무원이 되는데 도움이 될 것이라고 믿습니다.

When I worked as a staff in the theater, I learned that it was very important to maintain good relations with other colleagues.

I tried to maintain good relationships with others, which eventually helped me to deal with a lot of matters related to the job.

제가 영화관에서 직원으로서 일할 때에, 처음에 동료들과 좋은 관계를 유지하는 것이 매우 중요하다는 것을 배웠습니다. 좋은 관계를 유지하려고 노력하였는데, 이러한 것은 결국은 협동심과 팀워크로 문제를 풀도록 이끌어 주었습니다.

Secondly, I learned how I should treat customers as if they are my friends or family, and then they will become more satisfied and friendly toward me as well. Also, these friendly customers made me comfortable and rewarded.

두 번째로, 고객들이 나의 친구이고 식구인 것처럼 대할 때, 그들은 더 만족해하고 나에게 더 다정하게 대한다는 것을 배웠습니다. 그리고 이러한 다정한 고객들은 저를 편안하고 보람을 느끼게 만들었습니다.

Thus, I think maintaining a good relationship with other colleagues and offering customers with a warm service from the heart are very important in the service field.

그래서, 저는 동료들과 좋은 관계를 유지하는 것과 마음에서 우러나는 따뜻한 서비스를 제공하는 것이 서비스 분야에서는 중요하다고 생각합니다.

I had working experience as a part-time job at the Cafe during my university days. I learned quite a few things while working there.
Firstly, I learned how to treat customers in the proper manner. We had to serve diverse customers day by day. I tried to meet their different needs, eventually I became a person who is very considerate and attentive to each one.

저는 대학시절 동안에 카페에서 시간제근무로 일한 경험이 있습니다. 그곳에서 일할 동안에 꽤 많은 것들을 배웠습니다.
첫째, 적절한 방식으로 고객을 어떻게 대하여야 할지를 배웠습니다. 우리는 매일 다양한 고객을 서비스 해야만 했습니다. 저는 그들의 다양한 요구에 맞추려고 노력하였고, 결국은 사려 깊고 개개인에 경청하는 사람이 되었습니다.

Secondly, I learned how to meet each customer's needs.

I was required to make different drinks at the same time.

Thus I practiced to be speedy and work accurately.

Thirdly, I've acquired beverage licences like the Barista Certification and Latte art.

둘째로, 저는 고객의 요구를 어떻게 맞추어야 하는지를 배웠습니다. 저는 동시에 다른 음료들을 만들어야 했습니다. 따라서 신속하게하고 정확하게 일하는 것을 익혔습니다.

Through my job experience, I became more service-minded and efficient in order to become a professional flight attendant.

셋째로 바리스타 자격증과 라테 아트 같은 음료 자격증을 획득하였습니다. 저의 직무경험을 통해, 전문적인 승무원이 되기 위해서 더욱 서비스 마인드를 갖추고 능률적으로 되었습니다.

After I graduated from my high school, I worked for the sick as a translator for foreign Labors in the hospital. I developed a sense of responsibility by carrying out every single work.

I realized that there is no person who is not important. Moreover, I was rewarded when the patients worked out their problems with my assistance.

I'll be indispensable for your company's growth and success based on my working experience.

고등학교를 졸업한 후에, 병원에서 외국인 근로자를 위한 통역사로서 환자들을 위해 일했습니다. 저는 매번 일을 수행하면서 책임감을 길렀습니다.

저는 중요하지 않은 사람은 없다는 것을 깨달았습니다. 더 나아가, 환자들이 저의 도움으로 그들의 문제를 해결하였을 때 보람을 느꼈습니다. 저는 저의 일한 경험을 기반으로 해서 당신회사의 성장과 성공에 꼭 필요한 사람이 될 것입니다.

 Write By yourself 직업이나 일한 경험에서 배운 점에 대해서 말해 보시오.

Chapter 07

School life

 학창시절의 활동 등을 물어봄으로 인해서 성격이나 성향을 파악하기 위함이다. 학교 생활에서 가장 중요한 것은 전공에 관한 것과 동아리 등, 혹은 그 외의 교내·외 활동들이다. 특히 항공 관련 전공 학생들은 전공을 선택한 이유, 어떠한 과목을 배우고 승무원이라는 꿈을 이루기 위해서 어떻게 준비했는지를 미리 준비해서 답변할 수 있도록 하자.

What school have you graduated from?

어떤 학교를 졸업했습니까?

Would you please tell us about your major?
What is your major?

당신의 전공에 대해서 말해 주시겠습니까?

Did you join any extracurricular activities during your college days?

당신의 학창시절 동안에 어떤 교외 활동(특별활동)에 가입한 적이 있습니까?

Why didn't you participate in extracurricular activities during your college days?

대학 재학 동안에 왜 교외 활동(특별 활동)에 참여하지 않았습니까?

What is the most unforgettable thing in your school days?

학교 생활 동안에 가장 잊혀지지 않는 일은 무엇입니까?

Q1

What school have you graduated from?

어떤 학교를 졸업했습니까?

I graduated from D College last February. I learned lots of useful knowledge and skills for the cabin attendant jobs at college. I studied very hard in my major and had good results all over my school courses. I was also involved in a lot of activities like a university public relations team and a publishing club. It was such a good time in my life in that I enjoyed studying as well as working for my college.

저는 지난 2월에 D대학을 졸업 했습니다. 저는 대학에서 객실 승무원의 직업을 위한 유용한 지식과 기술들을 배웠습니다. 저는 제 전공에 있어서 매우 열심히 공부를 하였고 모든 학교 코스에 있어서 좋은 결과를 얻었습니다. 또한 저는 대학교 홍보팀과 출판부 클럽에서 일했습니다. 공부하면서 대학을 위해서 일하는 것을 즐겼던 제 삶에서 아주 좋은 시간이었습니다.

I've graduated from H university last february. My major was Airline and Tourism service. Since I made a great effort to learn more knowledge and achieve good grades, my grades kept improving consistently for four years. Also I was a representative of my department and a member of cheer leading team. I was satisfied with my school life, because it was enjoyable and instructive.

저는 지난 2월에 H 대학을 졸업했습니다. 저의 전공은 항공관광 서비스입니다. 저는 더 많은 지식을 배우고 좋은 점수를 얻기 위해서 노력을 했기 때문에 저의 성적은 4년 동안 지속적으로 상승했습니다. 또한 저는 저의 학과의 대표였으며 응원팀의 구성원이었습니다. 즐거웠고 유익했기 때문에 저의 학교생활에 저의 학교생활에 만족했습니다.

What is your major and What did you learn from your major?

당신의 전공은 무엇이고 전공에서 무엇을 배웠습니까?

My major is air travel and tourism management. I think it is a very practical major because I needed to take various courses like English, Chinese, Japanese, airline ticketing and reservations, service manners, and so on. I learned a lot in my major and am now confident with what I learned.

저의 전공은 항공 관광 경영입니다. 저는 이것이 아주 실용적인 전공이라고 생각하는데 왜냐하면 영어, 중국어, 일본어, 항공 예약 발권, 서비스 매너 등등의 과목을 이수해야만 했기 때문입니다. 저는 제 전공에서 많이 배웠고, 이제는 배웠던 것에 확신이 있습니다.

My Major is aviation service which is a very interesting and practical major.

I took various courses such as airline service, airline ticketing and reservation, service manners, and various foreign Languages including English and Chinese. I was much more interested in learning about practical service skills and manners.

저의 전공은 항공서비스인데 이것은 매우 흥미 있고 실용적인 전공입니다.

저는 항공서비스, 항공 예약 발권, 서비스 매너와 영어와 중국어를 포함하는 다양한 외국어와 같은 과정들을 수강하였습니다. 저는 실용적인 서비스 스킬과 매너를 배우는 데에 더욱 흥미가 있었습니다.

I believe that my major would be a big help when I work as a flight attendant.

저의 전공이 승무원으로서 일 할 때에 큰 도움이 될 것이라고 믿습니다.

Write By yourself 학교에서 전공은 무엇이고 그것을 통해서 무엇을 배웠는지를 말해 보시오.

Q3

Did you join any extracurricular activities during your college days?

당신의 학교 생활 동안에 특별활동에 가입한 적이 있습니까?

Tips 동아리 활동이나 다양한 활동을 했는지를 알아보기 위한 질문으로서 다양한 활동을 함으로 인해서 사교성 등이 개발되고 사람들과 잘 어울리는지를 알아보기 위한 질문이다. 되도록 학교 생활 중에 다양한 동아리 활동이나 봉사 활동 등으로 경험을 쌓도록 하자.

 I was involved in a volunteer club during my school days. I volunteered at a nursing home and an orphanage where I took care of the old and children. It was not easy to take care of others and I had difficulties when I had to physically assist elderly persons and small children.

저는 학교 생활 동안에 자원봉사에 가입을 하였습니다. 저는 양로원과 고아원에서 자원봉사를 하였는데 그곳에서 노인들과 아이들을 보살폈습니다. 다른 사람을 돌보는 것은 쉽지가 않았고 제가 어린이나 노인들을 물리적으로 돌보아야 할 때는 어려움을 가졌습니다.

But I enjoyed going on a picnic and talking with them. They were nice people with warm hearts but they needed an extra care from others.

Through this volunteer work, I learned how to care for people and felt happy by helping them.

하지만 저는 그들과 산책을 가고 이야기 하는 것을 즐겼습니다. 그들은 따뜻한 마음을 가진 좋은 사람들이었으나 다른 사람으로부터 관심을 필요로 했습니다. 이러한 자원 봉사를 통해서 저는 다른 사람을 돌보는 방법을 배웠고 다른 사람들에게 도움을 주는 것의 기쁨을 느꼈습니다.

 I got a lot of precious memories through volunteer work sharing hard work with farmers in the rural area.
I went to the rural area to help farmers every summer vacation during my school days. I felt rewarded and fascinated when I helped others in need. Also, I learned how to communicate with various people.

저는 시골에서 농민들과 함께 어려운 일을 함께 하는 자원봉사에서 많은 소중한 기억들을 가지고 있습니다. 저는 학교 재학 시에 여름 방학 때마다 농민들을 도우려고 시골에 갔습니다. 저는 도움이 필요한 사람들을 도울 때에 보람을 느꼈고 흥이 났습니다. 또한 저는 다양한 사람들과 의사 소통하는 방법을 배웠습니다.

 During my school days, I joined a Christian club as an extracurricular activities. By joining religious club, I got along with many friends and seniors. Also I could relieve stress by sharing ideas and opinions, and praying together. Sometimes we looked for the ways to help the poor and people in need. Expecially, it was a good way for me to adjust to new life in the university when I was a freshman.

학교생활 동안에 비교과 활동으로 크리스천 클럽에 합류했습니다. 종교적인 클럽에 가입함으로서, 많은 친구들과 선배들과 함께 어울릴 수 있었습니다. 또한 생각과 의견을 공유하고 함께 기도하면서 스트레스를 해소할 수 있었습니다. 때때로 우리는 가난한사람이아 도움이 필요한 사람들을 돕기 위한 방법들을 찾았습니다. 특히 신입생으로서 대학의 새로운 삶에 적응하는 데에 도움이 되었습니다.

 Write by yourself 학창 시절 특별 활동이나 과외 활동에 대해서 말하시오.

Q4

Why didn't you participate in extracurricular activities during your school days?

당신의 학교 생활 동안에 왜 교외 활동(특별 활동)에 참여하지 않았습니까?

I didn't attend extracurricular activities during my college days because I wanted to concentrate on my school studies and courses. I thought that two years of college was so short that I needed more time in order to study hard and improve myself as much as possible.

저는 학교 공부와 과정에 집중하기를 원했기 때문에, 대학 생활 동안 특별 활동에 참여하지 않았습니다. 2년이라는 대학 생활이 너무 짧아서 열심히 공부하고 제 스스로를 가능한 많이 향상시키기 위한 시간이 필요하다고 생각했습니다.

I led English talking club (study group) in my college and regularly went to Language institutions after college courses where I learned English and Chinese. I learned a lot from my school courses and study groups. Above all, I got much closer with my school mates through these activities

저는 대학에서 영어 말하기 클럽(스터디 그룹)을 이끌었고, 학교가 끝난 후에 정기적으로 어학원에 갔는데 그곳에서 저는 영어와 중국어를 배웠습니다.

저는 저의 학교 과정과 스터디 그룹에서 많이 배웠습니다. 무엇보다도 이러한 활동들을 통해서 학교 친구들과 더욱 가까워질 수 있었습니다.

 Write By yourself 특별 활동 등의 경험이 없는 경우에 하지 못한 이유에 대해 말하시오!

Can you tell me about your university life?

당신의 학교 생활에 대해서 말해 줄 수 있습니까?

What is the most memorable thing from your school life?

What was the most impressive thing in your school life so far?

당신의 학교 생활에서 가장 기억에 남는 것(감동적인 것)은 무엇입니까?

Tips 학교 생활을 하면서 본인에게 도움이 될 수 있었던 활동들에 대해서 이야기 하자.

When I was a freshman, I have gone to Canada to take some English language courses during my winter vacation. In Canada, I learned practical English and met a lot of people from different countries (there). It was a good experience in learning and practicing English. Above all, it made me open-minded to meet various people. I still keep in touch with the friends I met in Canada. I had the most precious time in Canada.

제가 1학년이었을 때, 겨울 방학 동안에 영어 연수 과정을 밟으러 캐나다에 다녀 왔습니다.

저는 그곳에서 실용영어를 배웠고 다양한 국가 출신의 많은 사람들을 만났습니다. 영어를 배우고 연습할 수 있는 좋은 기회였습니다. 무엇보다도 다양한 사람을 만날 수 있도록 저의 마음을 열게 해 주었습니다. 캐나다에서 만났던 친구들과 여전히 연락을 하고 있습니다. 저는 캐나다에서 가장 소중한 시간을 보냈습니다.

I think I really had a great time during my school days. The most memorable thing is working as a tour conductor every vacation. I tried to pay tuition fees by myself, because I wanted to be financially independent from my parents since my college days. I learned how to be responsible and to get along with people.

저는 학교 재학 시에 정말 좋은 시간을 보냈습니다. 가장 기억에 남는 것은 방학 때마다 여행 인솔자로서 일한 것입니다. 저는 대학 재학 시부터 경제적으로 독립하려고 노력했기 때문에 제 스스로 등록금을 내려고 노력하였습니다. 저는 책임감을 가지는 것과 사람들과 어울리는 것을 배웠습니다.

However, I did my best in attending all my school courses without any absence while taking all the credits within the two school years.

하지만, 2년 동안에는 결석이 없이 학교의 모든 과정을 참여하고 모든 학점을 받으려고 최선을 다하였습니다.

There are a lot of memorable things during my school life.

When I was a sophomore, I studied in China for an year as an exchange student. Apart from learning chinese, I learned how to be independent and how to react wisely towards the problems I've faced, like communication barrier and misunderstanding among students .

Moreover, I met a lot of people from other universities worldwide and became good friends. I consider it was the most precious time which made me developed and mature.

학창시절 동안에 기억할만한 많은 것들이 있습니다. 제가 3학년이었을 때, 교환학생으로 1년 동안 중국에서 공부했습니다. 중국어를 배우는 것 이외에도, 독립적으로 되고 학생들 사이에 언어장벽과 오해와 같은 직면한 문제를 어떻게 해결하는지를 배웠습니다.

무엇보다도, 전 세계의 다른 대학으로부터 온 많은 사람을 만났고 친구가 되었습니다. 저는 그때를 스스로를 개발하고 성숙시켰던 가장 소중한 시간으로 여깁니다.

Chapter 08

Hobbies and Interests

 취미나 취향 혹은 최근에 읽거나 본 책이나 영화 등을 물어봄으로 인해서 응시자의 취향을 알아보려는 질문이다. 취미, 건강 유지비결, 좋아하는 운동, 최근에 읽은 책, 감상한 영화 등을 설명할 수 있도록 하자! 클래식 음악 듣기 등을 좋아한다기 보다는 운동이나 외부 활동을 좋아한다는 외향적인 성향을 드러내도록 하자!

What is your hobby?

What are your hobbies?

What kind of hobbies do you have?

어떤 취미가 있습니까? / 어떤 종류의 취미를 가지고 있습니까?

What do you usually do in your spare time?

How do you usually spend your free time?

당신은 여가를 어떻게 보냅니까?

What do you do to keep your health?

Do you do any exercise for your health?

당신의 건강을 위해서 무엇을 하고 있습니까?

What are your favorite sports?

당신이 좋아하는 스포츠는 무엇입니까?

Can you swim? / How many times do you swim a week?

수영을 할 수 있습니까? / 일주에 몇 번 수영을 합니까?

What kind of movies do you like?

어떤 종류의 영화를 좋아합니까?

Would you please tell us about the most impressive movie you watched recently?

당신이 최근에 봤던 영화 중에 가장 감동적인 영화는 무엇입니까?

What kind of books do you like?

무슨 종류의 책을 좋아합니까?

Would you please tell us about the book you read recently?

당신이 최근에 읽었던 책에 대해서 말해 주겠습니까?

If you recommend any Korean food to foreigners, what would you recommend? And why?

만약에 당신이 외국인에게 한국 음식을 소개해 준다면 무슨 음식을 추천해 주고 싶습니까? 이유는 무엇입니까?

Q1

What is your hobby?

What are your hobbies?

What kind of hobbies do you have?

당신의 취미는 무엇입니까?

What do you usually do in your spare time?

How do you usually spend your free time?

여유 시간에 무엇을 합니까?

I have a lot of different hobbies. I usually get up early and go for a walk in the morning. The early morning air makes me feel refreshed.
I love going swimming as well. Whenever I have a chance, I go swimming with my little sister. I think keeping good physical condition is very important whatever I do.

저는 많은 다양한 취미가 있습니다. 일반적으로 저는 일찍 일어나고 아침에 산책을 하러 나갑니다. 신선한 아침의 공기는 저를 상쾌하게 만듭니다. 또한 수영하러 가는 것을 좋아합니다. 기회가 있을 때마다 저의 여동생과 수영하러 가는 것을 좋아합니다. 좋은 건강 상태를 유지하는 것은 무엇을 하든지 매우 중요하다고 생각합니다.

On weekends, I enjoy meeting my friends, watching movies, or climbing up the mountain with my family.

주말에 저는 친구들을 만나고, 영화를 보거나 가족들과 산에 오르는 것을 좋아합니다.

I like to climb up the mountains. I often climb up the mountains with my family or friends on weekends so I consider myself in a good physical condition. I also read a lot of books whenever I have time. I like to read practical as well as self development books which would help my career as a flight attendant.

저는 산에 오르는 것을 좋아합니다. 주말에 가족이나 친구들과 산에 오르는데 그래서 신체적으로 건강한 상태에 있다고 생각합니다. 또한 시간이 있을 때마다 많은 책을 읽습니다. 저는 실용서나 자기 개발서를 읽는 것을 좋아하는데 이러한 책들은 승무원의 직업에 도움을 줄 것입니다.

I really enjoy going out for outdoor activities. I often go hiking and spend much time playing tennis and badminton in my free time. I also like to take a day trip in the countryside with my friends or family. Various outdoor activities also make me excited and energetic.

저는 외부 활동을 하는 것을 정말 좋아합니다. 저의 여가 시간에 테니스와 배드민턴 하러 가는 것을 좋아합니다. 또한 저의 친구들이나 가족들과 시골로 여행을 가는 것을 좋아합니다. 다양한 외부 활동들은 저를 흥분되고 에너지가 넘치게 만듭니다.

I love cooking various kinds of food such as Korean fried rice, Bullgoggie, Pasta and so on for my family and friends.

저는 가족이나 식구들을 위해서 한국식 볶은 밥, 불고기, 파스타 등 다양한 음식을 요리하는 것을 좋아합니다.

I often invite my friends for a meal because I'd like to treat my friends with my homemade food. We can get much closer and easily mingle with each other while we are sharing food and talking together.

저는 자주 친구들을 식사를 위해서 초대를 하는데 왜냐하면 집에서 만든 음식으로 친구들을 대접하고 싶기 때문입니다. 우리가 음식을 같이 나누고 서로 이야기하는 동안에 더욱 가까워지고 서로 쉽게 융화될 수가 있습니다.

I have some interesting hobbies. Whenever I have time, I like to search a lot of information. The information I've searched is very useful and essential. Also I like to go for a walk to the park with my dog which makes me fresh and relaxed.

저는 흥미로운 취미를 갖고 있습니다. 시간이 있을 때마다, 저는 많은 정보를 탐색하는 것을 좋아합니다. 때때로 이러한 정보는 아주 유용하고 필수적입니다. 또한 저는 저의 강아지와 공원으로 산책하러 가는 것을 좋아하는데 이러한 것은 저를 상쾌하고 긴장을 풀게 만들어 줍니다.

✎ Write By yourself 취미나 흥미에 대해서 말해 보시오.

_____

_____

_____

_____

_____

_____

_____

_____

_____

Q2

What do you do to keep your health?

How do you manage your health?

Do you do any excise for your health?

당신의 건강을 위해서 운동을 하고 있습니까?

What are your favorite sports?

당신이 가장 선호하는 스포츠는 무엇입니까?

Can you swim?

당신은 수영을 합니까?

How many times do you swim a week?

당신은 한 주에 수영을 몇 번을 합니까?

Tips 승무원은 잘 적응해야 하는 직업이므로 건강 상태와 관리가 중요하다. 건강유지의 방법에 대해서는 물어볼 가능성이 높다. 좋아하거나 할 수 있는 운동 1~2가지는 답변할 준비를 해두자.

Example 1

I can swim quite well. When I first learned swimming, I was forced to learn swimming by my mother, though. Swimming is now one of my most favorite sports as I have practiced really hard.

저는 수영을 꽤 잘합니다. 하지만 처음에 수영을 배울 때에, 저희 엄마는 제가 수영을 배우게 하였습니다. 하지만, 제가 연습을 더욱 많이 하게 되면서 수영은 저의 가장 선호하는 스포츠가 되었습니다.

Also, I like to go bike riding with my friends and family on weekends. I believe those excises keep me healthy and refreshed.

또한 주말에 저의 친구와 가족들과 함께 사이클링 가는 것을 좋아합니다. 이러한 운동들이 저를 건강하고 생기 있게 만든다고 생각합니다.

I usually go to the gym to stay fit about four or five times a week. I feel energetic and refreshed when I do cycling, running, and stretching. I have been exercising for the last three years in the gym. I think that regular exercise keeps me healthy. I'd like to always keep these habits for my health.

저는 한 주에 4~5회 정도 체력을 적절하게 유지하기 위해서 피트니스 클럽에 갑니다. 사이클링, 러닝, 스트레칭을 할 때에 에너지가 넘치고 상쾌해지는 느낌입니다. 지난 3년 동안 피트니스 클럽에서 운동을 해오고 있습니다. 저는 규칙적인 운동이 저를 건강하게 만든다고 생각합니다. 저의 건강과 신체 단련을 위해서 이러한 취미를 항상 유지하고 싶습니다.

I try to maintain my health by playing squash. I've been playing squash for about five years since my high school days. When I entered my high school, I was involved in a squash club where I learned how to play squash and all the rules. I usually play squash in the sports club near my home. I think playing squash needs a lot of energy, but also it makes me energetic and refreshed after playing it.

저는 스쿼시를 하면서 건강을 유지하려고 노력하고 있습니다. 고교 시절부터 약 5년 동안스쿼시를 하고 있습니다. 제가 고등학교 들어 갔을 때에 스쿼시 클럽에 가입했고 거기에서 스쿼시 하는 방법과 모든 규칙들을 배웠습니다. 저는 일상적으로 집 근처 스포츠 클럽에서 스쿼시를 합니다. 스쿼시를 하는 것은 많은 에너지가 필요하지만 운동이 끝난 후에는 저를 에너지가 넘치고 상쾌해지게 만든다고 생각합니다.

These days, I often go to the park to do running and walking. Walking and Running really helps me to maintain good health. However, I'm afraid that I may not do outdoor exercise in the winter. Thus, I'll go to the gym to work out regularly.

요즈음에 저는 자주 뛰고 걸으려고 공원에 갑니다. 걷고 뛰는 것은 제가 좋은 건강을 유지하는데 도움이 됩니다. 하지만 겨울에는 옥외운동을 할 수 없다는 것이 아쉽습니다. 그래서 저는 규칙적으로 운동하기 위해서 체육관에 갈 것입니다.

 Write By yourself 좋아하는 운동이나, 하고 있는 운동에 대해 쓰시오.

Travel Experience

Have you ever been abroad (overseas)?

Have you ever traveled abroad?

해외에 가본 적이 있습니까?

Where have you been?

어디에 갔다 왔습니까?

Have you ever been in a difficult situation while traveling?

여행을 하는 동안에 어려운 상황에 부딪친 적이 있습니까?

If one of passengers asks you the best site to travel in Korea, where would you like to recommend and why?

만약에 승객이 한국을 여행하기 위한 최상의 장소를 물어본다면, 어느 곳을 추천할 것이고 왜 추천하겠습니까?

Have you ever been abroad (overseas)?

Have you ever traveled abroad?

해외에 가본 적이 있습니까?

Where have you been?

어디에 갔다 왔습니까?

Yes, when I was a high school student, my parents brought my elder sister and me to Cebu, Philippines. This was one of the happiest moments of my life. I met various local people and tourists from different cultures, and I enjoyed summer activities like snorkeling, swimming and fishing. Above all, I enjoyed watching the local shows and traditional dancing of the Philippines.

예, 제가 고등학생이었을 때에 저의 부모님은 제 언니와 저를 필리핀, 세부에 데리고 가셨습니다. 이때 가 저의 인생에서 가장 행복한 순간이었습니다. 다양한 현지인들과 다른 문화에서 온 관광객들을 만났 고, 스노클링, 수영, 그리고 낚시 같은 여름 활동들을 즐겼습니다. 무엇보다도 저는 필리핀의 현지 공연 과 전통 춤을 보는 것을 즐겼습니다.

I have been to London with a friend during summer vacation last year. I had a good time sightseeing and visiting many famous places like London Bridge, Buckingham Palace, the British Museum, and so on. I had a chance to speak English and I became confident in speaking English. I was very impressed with their noble and classical buildings. I deeply admired their pride for keeping their traditions and cultures whenever I visited their historical places.

저는 지난 여름 방학 동안에 친구와 함께 런던에 다녀왔습니다. 런던 브리지, 버킹검 궁전, 대영 박물관 같은 유명한 장소를 방문하고 구경을 하면서 좋은 시간을 보냈습니다. 영어를 말할 수 있는 기회가 있었고 영어를 말하는 데에 자신감이 높아졌습니다. 저는 그들의 웅장하고 전통적인 건물들에 많은 감동을 받았습니다. 제가 그들의 역사적인 정소를 방문할 때마다 그들의 전통과 문화를 유지하려고 하는 그들의 자부심에 무척 감탄하였습니다.

When I was a freshman, I traveled around Northern India for a month with my two friends. We set our travel schedules by ourselves. It was not easy to make arrangements for planes, trains and accommodations. However, the chances to set itinerary and travel by ourselves made me responsible, sociable and stronger. I got to understand their various cultures and customs more than before.

제가 1학년이었을 때에, 두 명의 친구들과 한달 동안 북부 인디아를 여행했습니다. 우리 스스로 여행 계획을 결정했습니다. 비행기, 기차, 숙소를 결정한다는 것은 쉬운 일이 아니었습니다. 하지만, 우리 스스로 일정을 결정하고 여행을 하는 기회는 저를 더욱 책임이 있고, 사교적이고, 그리고 강하게 만들었습니다.

저는 이전보다 훨씬 더 그들의 다양한 문화와 관습에 대해서 이해하게 되었습니다.

If I have a chance to travel India again, I'd like to travel Southern India and learn about their unique and precious cultures.

제가 인디아를 다시 여행할 기회가 있다면, 남부 인디아를 여행하고 싶고 그들의 특유하고 소중한 문화에 대해서 배우고 싶습니다.

Yes, I've been to Manila, Philippines to take English language courses during my school days. I've got to know that people there are very friendly and open-minded. Also, they were easy-going, kind and generous. I was quite impressed by their willingness to help others.

예, 저는 재학시절에 영어 연수 과정을 밟기 위해서 필리핀, 마닐라에 다녀 온 경험이 있습니다. 그곳의 사람들이 꽤 다정하고 마음이 열려 있다는 것을 알게 되었습니다. 또한 그들은 느긋하고, 친절하고 아량이 넓은 사람들이었습니다. 저는 그들이 남을 도와 주려고 하는 마음에 꽤 감동을 받았습니다.

I made some good local friends there and still keep in touch with them. I believe that I can become open-minded and experience new things by travelling abroad.

저는 그곳에서 현지인 친구들을 사귀었고 그들과 여전히 연락을 하고 있습니다. 외국에 가보는 것은 마음을 열게 만들고 새로운 것을 경험하게 해준다고 믿습니다.

Yes, I've been to many different countries including USA, China, Japan and Hong Kong with my family since I was a little girl. We had a great time traveling to exotic places and experiencing new cultures there.

예, 저는 어려서부터 저의 가족들과 함께 미국, 중국, 일본, 홍콩을 포함한 많은 나라를 방문한 경험이 있습니다. 우리는 이국적인 장소들을 방문하고 그리고 새로운 문화를 경험하면서 좋은 시간을 가졌습니다.

Especially, Hong Kong was the most impressive place for me, where I could see various people from different cultures living together. I was able to feel its exotic atmosphere and mixture of culture.

특히, 저에게 홍콩은 가장 감동적인 장소였는데, 그곳에서 다른 문화를 가진 다양한 사람들이 함께 살아 가는 것을 보았습니다. 저는 이국적인 분위기와 문화의 혼합을 느낄 수 있었습니다.

(The most impressive country was Japan. I was so impressed by how kind the Japanese were and the cleanings.)

가장 감동적인 나라는 일본이었습니다. 친절한 일본 사람들과 깨끗한 도시에 감동을 받았습니다.

If I have the chance, I'd like to go there again as a flight attendant of your airline.

만약에 제가 기회가 있다면, 귀 항공사의 승무원으로서 그곳에 다시 가고 싶습니다.

해외로의 여행 경험이 없을 때도 당당하게 이야기 하자! 해외여행 경험이 없다고 면접관이 지원자를 부정적으로 보는 것은 아니며 당당하게 대답할 수 있어야 한다.

Unfortunately, I have never been abroad but I have wanted to travel to other countries. I am so envious of my friends who had chances to travel around the world.

유감스럽게도, 외국에 나가 본적이 없으나 다른 나라를 여행하기를 원해 왔습니다. 저는 해외를 여행할 기회를 가진 친구들을 부러워했습니다.

Luckily, I have a plan to go to Europe with my family this coming vacation.

다행스럽게도, 저는 이번 방학에 가족들과 함께 유럽을 여행할 계획이 있습니다.

I'll be delighted to visit many famous historical sites around Europe which I've dreamed to visit since I was little.

제가 어려서부터 가 보기를 꿈꾸어 왔던 유럽 주변의 많은 역사적이고 유명한 장소들을 방문하면서 매우 기쁠 것입니다.

I've never been abroad so far, but I love traveling. I have traveled with my friend all over Korea including many historical sites and Jeju Island. In the near future, I'd like to go abroad and experience various cultures there as a flight attendant.

저는 이제까지 외국에 가본적이 없습니다. 그러나 여행을 좋아합니다. 한국의 역사적인 장소와 제주도를 포함하여 전역을 가족들과 여행을 해왔습니다. 가까운 미래에, 승무원으로서 외국에 나가서 다양한 문화를 경험하고 싶습니다.

✎ Write by yourself 여행 경험에 대해서 쓰시오.

_____

_____

_____

_____

_____

_____

_____

Q2

Have you ever faced any difficult situations during your travel?

여행하는 동안에 어려움에 직면한 적이 있습니까?

Did you have any difficulties while traveling? If you had, how did you handle them?

여행하는 동안에 어려움에 직면한 적이 있습니까? 만약에 그렇다면 어떻게 해결하였습니까?

 Tips

변수와 같은 어려운 상황이 닥쳤을 때 어떻게 해결하는지를 알아보기 위한 질문이니 긍정적인 마인드가 묻어날 수 있도록 대답을 준비하자!
전혀 어려운 점이 없었다고 대답하는 것은 좋은 답변이 아니다. 배운 점, 느낀 점을 덧붙여 답변할 수 있도록 미리 준비하자!

 Example 1

When I traveled to Bangkok, Thailand, I had Thai food for the first time. I felt the taste and smell of their food were unusual and strange. I couldn't enjoy it in the beginning. However, I've got to enjoy it as I often tried their various foods more and more. Now, Thai food became my favorite food and even I often go to Thai restaurants with my family in Korea.

제가 태국의 방콕을 여행했을 때에 처음으로 태국 음식을 먹어보았습니다. 저는 그들 음식의 맛과 냄새가 특이하고 낯설다고 느꼈습니다. 그들의 음식을 처음에는 즐길 수 없었습니다. 그러나 제가 그들의 다양한 음식을 자주 먹어보면서 더욱 즐기게 되었습니다. 이제 태국 음식은 제가 선호하는 음식이 되었고 심지어는 한국에서 제 가족들과 함께 태국 식당에 자주 갑니다.

I learned that the first impression and a prejudice can be changed as I often try new things.

처음의 인상과 선입견은 제가 새로운 것들을 더 자주 시도하면서 바뀔 수 있다는 것을 배웠습니다.

When I traveled to China, I had lots of difficulties in communicating with Chinese. I tried to communicate in English, but many local people talked to me in Chinese. I couldn't buy anything and couldn't even order any food by myself without the help of my Chinese tour guide.

제가 중국을 여행할 때에 중국 사람들과 의사 소통을 하는 데에 있어서 많은 어려움이 있었습니다. 저는 영어로 의사 소통을 하려고 했으나 많은 현지 사람들은 중국어로 저에게 말을 하였습니다. 중국 가이드의 도움이 없이는 제 스스로 어떤 것도 살 수 없었고 음식도 주문할 수가 없었습니다.

I realized speaking their own language is very beneficial and practical when I travel to foreign countries. Afterwards, I've been learning Chinese. I'm dreaming to speak fluent Chinese.

저는 외국 여행을 할 때는 그 나라의 언어를 말하는 것은 아주 유리하고 실용적이라는 것을 깨달았습니다. 그 후로 중국어를 배워오고 있고 유창한 중국어를 말할 수 있기를 꿈꾸고 있습니다.

✍ **Write by yourself** 여행시 어려웠던 점과 배웠던 점을 쓰시오.

_____

_____

_____

_____

_____

_____

_____

If one of passengers asks you the best site to travel in Korea, where would you like to recommend and why?

만약에 승객이 당신에게 한국에서 최선의 여행지를 물어본다면 당신은 어느 곳을 추천할 것이며 이유는 무엇입니까?

I'd like to recommend foreigners to visit Myung Dong. My college is in Myung Dong, the center of Seoul; thus, I'm quite used to the area. Foreigners can shop around in many shopping malls and interesting street stalls.

People can try lots of typical Korean food as well as international food. They may feel unique and exotic atmosphere of Korea by eating, shopping, sightseeing in Myung Dong. People call it fashion and tourism street.

저는 외국인에게 명동을 방문할 것을 추천하고 싶습니다. 저의 대학은 명동, 서울의 중심에 있고, 그래서 저는 그 지역에 꽤 익숙합니다.

외국인들은 많은 쇼핑몰과 흥미로운 길거리 판매대에서 쇼핑을 할 수가 있고, 많은 한국 전통 음식뿐만이 아니라 세계의 음식을 맛볼 수가 있습니다. 그들은 명동에서 먹고, 쇼핑하고 구경을 하면서 한국의 독특하고 이국적인 한국의 분위기를 느낄 것입니다. 사람들은 그곳을 패션과 여행자의 거리라고 부릅니다.

 Write by yourself 추천하고 싶은 한국의 여행지에 대해서 설명하시오.

_____

_____

_____

_____

Airline company

사전에 지원 회사에 대한 회사 설립 연도, 노선의 수와 주요 도시 이름, 최근의 회사의 변화, 회사의 목표, 회사의 지향하는 목표, 회사 이미지, 좋은 점, 보완해야 할 점 등을 조사하고 숙지한다.

지원 항공사 동향, 지원항공사의 특화된 서비스, 항공 관련 상식, 항공업계 뉴스 등에 대해 어느 정도 알고 있는지가 그 회사에 대한 열정을 표현하므로 미리 준비된 자세를 갖추도록 하자! 타 항공사와 지원항공사간의 비교라든가, 타 항공사를 낮추는 말 등 부정적인 인상을 주는 말은 하지 않도록 한다.

Why do you apply for our company?

Is there any special reason you have applied for our airlines?

Why are you interested in our company?

왜 당신은 우리 항공사에 지원하게 되었습니까?

What do you think about our airlines?

우리 항공사에 대해서 어떻게 생각하십니까?

What do you think of first when you think of our airline?

우리 항공사를 생각 할 때에 무엇이 가장 먼저 생각납니까?

Why do you think that you are qualified for this position?

왜 당신은 이 직업에 자격이 있다고 생각합니까?

Why do you think we need to choose you among all the applicants?

Why do I have to hire you?

왜 당신은 모든 지원자 중에서 당신을 선택하여야 한다고 생각합니까?

How long do you plan to work for our airlines?

우리 항공사를 위해서 얼마나 오래 일 할 계획입니까?

Why do you apply for our company?

Is there any special reason you have applied for our airline?

Why are you interested in our company?

Why do you want to work at this company?

왜 당신은 우리 항공사에 지원하게 되었습니까?

I've applied for your company because your company is one of the leading and well known airlines in all over Asia. I also know that your airline has a very good reputation with your excellent in-flight services as well as contributions to the society like aids to the poor and the children in the remote areas. I've admired what your airline accomplished and I wanted to become a cabin crew contributing to your growth and success.

저는 귀사가 아시아 전역에서 주도적이며 잘 알려진 항공사 중의 하나이기에 지원을 하였습니다. 또한 귀 항공사가 우수한 기내 서비스와 오지의 가난한 사람과 아이들에 대한 지원 같은 사회 기여로 좋은 평판을 가지고 있다는 것을 알고 있습니다. 저는 귀 항공사가 이루어 놓은 것들에 대해서 감탄을 했으며 귀사의 성장과 성공에 기여하는 승무원이 되기를 원해 왔습니다.

I'd like to become a member of your company because your airline is one of the world's reputable airlines, and famous with your excellent in-flight services as well as the perfect safety. As long as I know, you have never had any accidents or mistakes for the last few decades. I think Koreans as well as people from the world admire your excellent services and rely on your perfect safety.

귀 항공사는 전세계적으로 좋은 평판을 가진 항공사 중의 하나이고, 우수한 기내 서비스는 물론 완벽한 안전으로 유명하기 때문에 귀사의 일원이 되고 싶습니다. 제가 아는 한, 귀사는 지난 몇 십 년 동안 어떤 사고나 실수가 없었습니다. 저는 한국 사람들은 물론 전세계의 사람들도 귀사의 우수한 서비스에 대해서 격찬을 하고 완벽한 안전을 믿고 있습니다.

Also, I know that you have recruited crew members from all over Asian countries. I would like to work with various people from different countries and cultures in your company. I'm sure that crew members from different cultural backgrounds can learn from each other and they become good team members to contribute to this widely-reputable airline in the world

또한 귀사는 아시아 전역으로부터 승무원을 채용한다고 알고 있습니다. 저는 귀사에서 다른 나라와 문화로부터의 다양한 사람들과 일하고 싶습니다. 다양한 문화적 배경을 가진 승무원은 서로로부터 많이 배울 수가 있고 전 세계에 평판이 좋은 항공사에 기여하는 좋은 팀 구성원들이 될 것이라고 확신합니다.

I've dreamed to become a cabin crew of your airline because it is reputable and admirable airlines with its excellent in-flight services. I'm sure this position would make me satisfied and I can make a better achievement in your airline. I have had much experience to work together with others; for example, I was a member of college public relations, and a college singing club as well as I have some working experience in the service field. Thus, I know well how to work together with others and would show good teamwork.

I'd like to improve myself with your airline which has been growing rapidly and I'm sure I would be very proud of being a cabin crew of your airline. That' why I apply for this position.

저는 귀 항공사가 우수한 기내 서비스로서 평판이 좋고 칭송을 받기 때문에 귀사의 승무원이 되기를 원해 왔습니다. 이 직업이 저에게 만족감을 주고 귀 항공사에서 더욱 큰 성취를 이루고 싶습니다. 저는 다른 사람들과 함께 일한 많은 경험이 있는데, 대학 홍보부, 대학 노래 클럽뿐만 아니라 서비스 분야에서 일한 경험들입니다. 그래서 저는 다른 사람들과 함께 일하는 방법을 잘 알고 있고 좋은 팀워크를 보일 것입니다. 빠르게 성장하는 귀사와 함께 발전하고 싶고 귀 항공사의 객실승무원이 되는 것에 자부심을 가질 것입니다. 이것이 바로 제가 이 직업에 지원하게 된 이유입니다.

I apply for your airline because I believe my personality fits this position well. I'm a good listener and considerate to others, first. People around me say that I'm very comfortable to be with. I majored in Chinese culture and conversation so that I could learn about their culture and customs. My major helped me to become more open-minded to others. Also, I have worked in various service fields such as hotels, restaurants, and wedding halls. Now, I'd like to broaden my points of view to the world by working for your leading airline company. I'm sure I can contribute to your airline reflecting on my personality and plenty of working experience.

저는 제 성격이 이 직업에 잘 맞는다고 믿기 때문에 귀 항공사에 지원하였습니다. 저는 다른 사람의 말에 귀 기울이고 우선 다른 사람을 배려합니다.

제 주변의 사람들은 제가 함께 있기에 편안한 사람이라고 말합니다. 저는 중국 문화와 회화를 전공하였고 그래서 그들의 문화와 관습을 배울 수 있었습니다. 저의 전공이 다른 사람들에게 더욱 마음을 열도록 해주었습니다. 또한, 호텔, 레스토랑, 웨딩 홀 등과 같은 다양한 서비스 분야에서 일했습니다. 이제 저는 선도적인 귀 항공사를 위하여 일하면서 저의 시야를 세계로 넓히고 싶습니다. 저는 제 성격과 다양한 직업 경험을 고려할 때에 귀 항공사에 기여할 수 있으리라고 확신합니다.

Q2

What do you think about our airlines?

우리 항공사에 대해서 어떻게 생각하십니까?

What do you know about our airlines?

우리 항공사에 대해서 무엇을 알고 있습니까?

What do you think of first when you think of our airlines?

우리 항공사를 생각 할 때에 무엇이 가장 먼저 생각이 납니까?

Example
1
Korean
Air

Korean Air has become the representative airline of Korea since it launched in 1969. Korean Air is very famous for its excellent services that has led Korean Air to winning many international awards. The slogan of Korean air is 'Excellence in flight' which represents an attitude of your company toward the best service to its customers. Through my job experience and study, I have become service-minded.

Thus, if I have a chance to work for Korean Air, I would definitely become an asset contributing to your reputation.

대한 항공은 1969년에 설립된 이래로 한국의 대표 항공사가 되었습니다. 대한 항공은 우수한 서비스로 유명한데 이것은 여러 차례 국가적인 상을 받게 하였습니다. 대한 항공의 슬로건은 'Excellence in flight' 인데 이것은 고객으로의 최상의 서비스를 위한 자세를 표명합니다. 저는 서비스 직업 경험과 저의 전공 항공 서비스를 통해서 서비스 지향적인 사람이 되었습니다. 그래서 만약에 제사 대한 항공을 위해서 일할 기회를 얻는다면 확실히 귀사의 평판에 기여하는 자산이 될 것입니다.

Example
2
Asiana
Airline

Asiana Airlines is a young and rapidly growing airline since it launched in 1988. It has flights to 75 cities in 23 countries and 90 destination in the winter of year 2014. Especially, Asiana Airlines has many destinations in China. It is well known for its outstanding service and high quality safety. Also, it has received a lot of awards about excellent in-flight services and safety. The slogan of Asiana Airline is 'Always with you' which stands for its stubborn attitude to offer the best services as well as social contributions.

I was so impressed with its charitable work in isolated rural areas in China. If I get to work for Asiana Airlines, I would be a devoted and hard working cabin crew for your growth.

아시아나 항공은 1988년 설립된 이래로 빠르게 성장하는 항공사 중의 하나입니다. 2013년 여름에는 23개국, 71개 도시, 91개 취항지를 보유하고 있습니다. 특히, 아시아나 항공은 많은 중국 노선을 보유하고 있습니다. 아시아나 항공은 돋보이는 서비스와 질 높은 안전 수칙으로 잘 알려져 있습니다. 또한 우수한 기내 서비스와 안전 수칙으로 많은 상을 받아 왔습니다. 아시아나 항공의 슬로건은 ' 항상 당신과 함께' 인데 이것은 그 스스로가 더 좋은 서비스를 하도록 하고 사회 기여와 같은 일을 하도록 겸연한 자세를 표명합니다. 저는 아시아나 항공이 중국의 외딴 곳에 자선 사업을 하는 것에 더욱 감동을 받았습니다. 만약에 제가 아시아나 항공을 위해서 일하게 된다면, 귀 항공사의 성장을 위해서 헌신하고 열심히 일하는 승무원이 될 것입니다.

Example
3

I know that your airlines have been a leader in the airline business in Asia for the last few decades. You won a lot of reputable awards with your best in-flight services. Also, you are a member of Star Alliance which is the world-wide airline alliance. I've heard that your airline is rapidly extending to many destinations in China.

저는 귀 항공사가 지난 몇 십 년 동안 아시아의 항공 산업에 있어서 주도자이었다는 것을 알고 있습니다. 귀사는 최상의 기내 서비스로서 많은 평판 있는 상을 받았습니다. 또한 귀사는 전세계적인 항공사 제휴인 원 월드의 일원입니다. 귀사는 빠르게 많은 중국 노선을 확대하고 있다고 알고 있습니다.

Example
4
Asiana
Airline

Asiana Airlines was launched in 1988 and became a member of Star Alliance in 2007. Asiana airline flies to most of the popular destinations all over the world. Also, it has accomplished a global image that it considers the passengers' safety as the first priority of the company. Also, it represents a traditional image of Korea by the unique uniform of its' cabin crew.

아시아나 항공은 1988년에 설립이 되었고 2007년 스타얼라이언스의 일원이 되었습니다. 아시아나 항공은 세계 전역에서 가장 인기 있는 취항 지를 보유하고 있습니다. 또한 그것은 승객의 안전을 우선 순위로 놓음으로써 글로벌 이미지를 만들어 왔습니다. 또한 아시아나 항공은 캐빈 승무원의 특색 있는 유니폼으로 한국의 전통적인 이미지를 대표합니다.

Why do you think that you are qualified for this position?

왜 당신은 이 직업에 자격이 있다고 생각합니까?

Why do you think we need to choose you among all applicants?

Why do I have to hire you?

왜 모든 지원자 중에서 당신을 선택하여야 한다고 생각합니까?

I'm sure I'm the one you need for your company. I learn fast and accept feedback positively. When I worked in a family restaurant, I got a lot of feedback about my positive attitude and good team works from my colleagues and seniors. Also, I'm quite passionate person so I'm not afraid of learning and challenging new things. I'm certain that I can be a dedicated cabin crew member to make your airline be the best in the world-wide aviation industry.

저는 귀사를 위해서 당신이 필요한 사람이라고 확신합니다. 저는 빨리 배우고 긍정적으로 피드백을 받아들입니다. 제가 패밀리 레스토랑에서 일할 때에 저는 제 동료와 선배로부터 저의 긍정적인 태도와 좋은 팀워크에 대해서 많은 피드백을 받았습니다. 저는 상당히 열정적인 사람이기에 새로운 것을 배우고 도전하는 것을 두려워하지 않습니다. 전세계 항공 산업에서 귀 항공사의 성공을 위해서 헌신하는 객실 승무원이 될 것을 확신합니다.

I know that I am well qualified for this position considering my major, air travel and service, and all of the volunteer experience. I have worked for many voluntary jobs because

I'm warm-hearted and I care for others first. I went to an orphanage and a nursing home regularly during my high school days, and spent time in cleaning the facilities, preparing meals for them, and playing with the children and the old. Also, I've donated a part of my monthly allowance to UNICEF since I was a little girl.

I'm sure that I will be a warm hearted cabin crew and I'll care for others well considering my past experience. For these reasons, I think you have to hire me.

저의 전공, 항공관광 서비스와 모든 자원 봉사 경험을 통해서 이 직업에 충분한 자질이 있다고 생각합니다. 저는 마음이 따뜻하고 다른 사람을 먼저 돌보기 때문에 많은 자원 봉사를 해 왔습니다. 저는 고등학교 때에 규칙적으로 고아원과 양로원에 방문했고 시설청소, 음식준비, 그리고 고아와 노인들을 즐겁게 해주며 시간을 보냈습니다. 또한, 어릴 때부터 제 용돈의 일부를 유니세프에 기부하고 있습니다. 저는 마음이 따뜻한 승무원이 될 것이고 과거의 경험을 고려해 보았을 때 다른 사람을 잘 돌볼 것입니다. 이러한 이유들로 저를 채용해야 한다고 생각합니다.

Q4

How long do you plan to work for our airlines?

How long do you think you can work for our airline?

우리 항공사를 위해서 얼마나 오래 일 할 계획입니까?

Tips

근무해보지 않은 환경에서 평생 일 하겠다고 하면 미래의 계획이 없어 보이는 것 같으며, 몇 년을 일한다고 하는 것은 성의 없이 단답형으로 대답한다는 인상을 줄 수 있다. 회사에서 필요할 때까지 혹은 기여할 때까지 일하고 그 후에는 승무원의 경험과 직무를 연결시킬 수 있는 커리어를 하고 싶다는 포부를 연결해서 말하는 것이 좋다.

I'd like to work hard as long as I can contribute to your airline. When I'm a junior crew, I'll do my best in learning in-flight service skills and manners as a cooperator. After I become a senior crew, I'll lead a team with a big leadership and care other co-workers. After that, I'm sure I'll become a very confident and capable cabin crew performing a good team work. So if I have a chance in the future, I'd like to train junior crews as a training instructor.

귀 항공사에 기여할 수 있을 때까지 열심히 일하고 싶습니다. 제가 신입 승무원일 때는 조력자로서 기내 서비스 기술과 매너를 배우는 데에 최선을 다할 것입니다. 선임 승무원일 때는 리더십과 동료들을 위하는 마음으로 팀을 이끌 것입니다. 그 후에 저는 좋은 팀워크를 실행하는 확신 있고 능력 있는 승무원이 되리라는 것을 확신하고, 만약 미래에 기회가 있다면 교육 훈련 관으로서 후배 승무원들을 교육하고 싶습니다.

Chapter 11

About yourself

 승무원으로 일할 때에 자신의 단점에 대해서 말은 해야 한다면, 치명적인 단점이 아닌 누구나 가질 수 있는 단점이며 극복 가능한 단점을 언급 하도록 하자. 치명적이거나 극복할 수 없는 단점을 언급하는 것은 면접관에게 부정적인 인식을 주게 된다. 하지만 그렇다고 자신의 단점을 꽁꽁 숨기려고 겉도는 이야기만 한다면 이것 또한 진정성이 없어 보인다.

What would be your weakness in becoming a cabin crew?

승무원이 되는 데에 당신의 약점은 무엇입니까?

What did you try to overcome your weakness?

당신의 약점을 극복하기 위해서 무엇을 하였습니까?

What is your relationship with your parents like?

당신의 부모와의 관계는 어떻습니까?

Would you please tell us about your best friend?

당신의 가장 친한 친구에 대해서 말해 주시겠어요?

Have you ever had a conflict with your class or team mates?

당신의 팀의 일원과 문제가 있었던 적이 있었습니까?

Q1

What would be your weakness in becoming a cabin crew?

승무원이 되는 데에 당신의 약점은 무엇입니까?

How did you try to overcome your weakness?

당신의 약점을 극복하기 위해서 무엇을 하였습니까?

When I consider my weakness, I tend to aim at perfection and the best result, which is my weakness as well. I don't like to make any mistakes and like to do a better job, especially when I learn and challenge new things. However, some people around me say that I need to be a little bit relaxed and work slowly. Also, I know I can even learn from the mistakes and then I can do better after making mistakes. Thus, I always try to be easy-going to overcome my weak points.

저의 단점에 대해서 고려해 볼 때에 완벽함과 최선의 결과를 추구하는 경향이 있는데 이것은 또한 저의 단점입니다. 특히 새로운 것을 배우거나 도전할 때는, 실수하는 것을 싫어하고 일을 더 잘하고 싶습니다. 하지만 주변 사람들은 제가 긴장을 조금 풀고 천천히 일할 필요가 있다고 말합니다. 또한 실수로부터 배울 수가 있고 실수 후에는 더 잘 할 수 있다는 것도 알고 있습니다. 그래서, 저는 항상 쉽게 생각하고 긴장을 낮추면서 제 약점을 극복하려고 노력합니다.

Whenever I'm worried about making a mistake, I try to relax and tell myself that anyone can make a mistake and I would be fine though I make a mistake. Also, I try to work together with others rather than just work alone, which can help me work better without any mistakes

제가 실수를 하는 것에 대해서 걱정을 할 때마다, 긴장을 늦추고 누구나 실수를 할 수 있고 실수를 해도 괜찮을 것이라고 스스로에게 말합니다. 또한, 오로지 혼자 일하는 것보다 다른 사람과 같이 일하려고 노력하는데, 이것이 실수 없이 일을 더 잘하게 해줍니다.

What is your relationship with your parents like?

당신의 부모와의 관계는 어떻습니까?

I have kept a very good relationship with my parents. They are very positive and attentive to me. They also trust what I do. However, when I first wanted to become a flight attendant, they were worried and didn't agree with the idea, because I would travel a lot after I become a flight attendant. But after enough conversations, they got to understand how eager I was to become a flight attendant and they thought this job could really suit me considering my personality and working experience in the service field. Now, my parents are the most powerful supporters.

저는 부모님과 매우 좋은 관계를 유지하고 있습니다. 그들은 매우 긍정적이며 제가 하는 말에 귀를 기울입니다. 그들은 제가 하는 것에 신임을 합니다. 하지만, 제가 처음 승무원이 되기를 원했을 때에 그들은 걱정을 하였고 그 생각에 동의하지 않았는데, 제가 승무원이 된 후에 여행을 많이 해야 하기 때문입니다. 하지만 충분한 대화 후에, 그들은 제가 승무원이 되기를 얼마나 많이 원하는지를 알게 되었고 저의 성격과 서비스 분야에서 경험을 비추어 보았을 때 저에게 맞는 직업이라고 생각하게 되었습니다. 이제 제 부모님은 가장 강력한 후원자입니다.

I think I have a close relationship with my parents. They raised me and my sister with their big love and respect. They respect whatever I do and I've learned how to I respect others with good manners from their parenting. As my parents age, I try to get more attentive to their needs and I'd like to give it back to them as I've received.

저는 부모님과 가까운 관계를 유지하고 있습니다. 그들은 저와 제 여동생을 큰 사랑과 존중으로서 기웠습니다. 그들은 제가 무엇을 하든지 존중하며 그들의 양육으로부터 좋은 매너로 다른 사람들을 어떻게 존중하는지를 배웠습니다. 저희 부모님이 연세가 드시면서 그들의 필요에 더 귀를 기울이려고 노력하고 있으며 제가 받은 것을 그들에게 돌려주고 싶습니다.

Q3

Would you please tell us about your best friend?

당신의 가장 친한 친구에 대해서 말해 주시겠어요?

One of my best friend's names is Lee Ji-Eun who is working for a bank. We've known each other since middle school days. We spent much time together in studying, talking, and playing badminton together. We have a lot in common. However, while we grew up together, sometimes we had some conflicts as other friends did. But whenever we had problems, we tried to overcome them with our attentiveness and consideration. That's the reasons why we have kept a good relationship and become best friends each other. I think I'm quite lucky to have the friend who I can share everything together.

저의 가장 친한 친구 중의 한 명은 은행에서 일하고 있는 '이지은'이라는 친구입니다. 우리는 중학교 시절부터 알아왔습니다. 우리는 함께 공부하고 이야기 하고 배드민턴을 같이 치면서 시간을 같이 보내왔습니다. 우리는 공통되는 부분이 많습니다. 하지만 우리가 자라면서 다른 친구들이 그렇듯이 약간의 갈등이 있었습니다. 그러나 우리가 문제가 있을 때마다 배려심과 이해심로서 극복하려고 노력하였습니다. 이것이 바로 우리가 좋은 관계를 가지고 있고 서로에게 좋은 친구가 되었는지에 대한 이유입니다. 모든 것을 나눌 수 있는 친구가 있다는 것이 행운이라고 생각합니다.

Have you ever had a conflict with your class or team mates?

Have you ever had a problem with your co-worker?

당신의 팀의 일원과 문제가 있었던 적이 있었습니까?

I usually try not to make any problems with my co-workers since I think cooperation and understanding are very important in a team.

저는 협동심과 이해심이 팀에서 매우 중요하다고 생각하기 때문에 동료들과 어떤 문제도 만들지 않으려고 노력합니다.

However, I have experienced a conflict with my co-workers when I worked in a family restaurant as a waitress. I couldn't work fast and efficiently due to my stomachache. I was not feeling good but didn't talk about it. There was no time to explain because we were really busy in the peak time. One of my senior was very upset to me and she thought I was just lazy so she treated me badly. I almost felt like crying but I tried to control my emotion and managed to finish my task.

하지만 웨이츄레스로서 패밀리 레스토랑에서 일할 때에 동료들과 갈등이 있었던 경험이 있습니다. 복통으로 인해서 빨리 일하거나 효율적으로 일 할 수 없었습니다. 저는 상태가 좋지 않았지만 그것에 대해서 말할 수 없었습니다. 우리가 피크 타임에는 정말 바빴기 때문에 설명할 시간이 없었습니다. 제 상사 중의 한 명은 저에게 화가 났고 제가 게으르다고 생각하여 저를 안 좋게 대했습니다.

After working, I've got a chance to talk about my condition and she finally understood my situation and brought me some tablets. Through this incident, I've got to know that I need to initiate a conversation when I have a problem. Thus, I can avoid any conflicts or misunderstandings.

저는 거의 울고 싶었으나 스스로 감정을 추스르고 일을 끝낼 수 있었습니다. 일이 끝난 이후에 그 상황에 대해서 말할 시간이 있었고, 그녀는 마침내 그 상황에 대해서 이해를 하고 저에게 약을 갖다 주었습니다. 이 사건을 통해서 저는 어떤 문제가 생겼을 때에는 먼저 말하는 것이 중요하고, 그래서 어떤 갈등이나 오해를 피할 수가 있습니다.

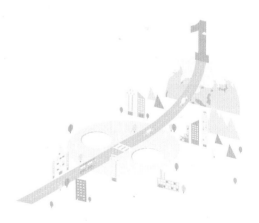

Chapter 12

Dealing
With difficulties

이제까지 생활하면서 어려운 점이나 앞으로 승무원이 되면 예기치 못한 어려운 상황에 어떻게 대처 할 것인지를 묻는 질문으로서 지원자의 소신과 대처 능력을 알기 위한 질문이다.

What was your inferiority complex and what did you do to cope with?

What were your week points and how did you overcome it?

당신의 콤플렉스는 무엇이고 극복하기 위해서 무엇을 했습니까?

When you were most disappointed and what did you learn from the disappointment?

언제 당신은 가장 실망을 했고 그 실망으로부터 당신은 무엇을 배웠습니까?

What were your failures and what did you learn from the experiences?

당신의 실패는 무엇이었고 그 경험으로부터 무엇을 배웠습니까?

How do you work under stress (pressure)?

스트레스(압박) 상황을 어떻게 해결합니까?

How do you deal with different opinions?

서로 다른 의견을 어떻게 해결하십니까?

If you have an important appointment but you need to go for a flight, what would you do?

만약에 당신이 중요한 약속이 있고 비행을 해야 한다면 당신은 어떻게 하시겠습니까?

Q1

What was your inferiority complex and what did you do to cope with?

What were your week points and how do you overcome it?

당신의 콤플렉스는 무엇이고 극복하기 위해서 무엇을 했습니까?

When I was a middle school student, I had an inferiority complex about my round face. In the beginning, I was not satisfied with my face since I thought I looked over mature and plain due to my round face. However, my mother had told me that my round face made me look friendly and approachable.

제가 중학생이었을 때에, 저의 둥근 얼굴에 대해서 콤플렉스가 있었습니다. 처음에, 저의 둥근 얼굴 때문에 제가 지나치게 성숙해 보이고 평범해 보인다고 생각을 했기 때문에 얼굴에 만족하지 못했습니다. 하지만 저의 어머니는 저의 둥근 얼굴이 더 친근감 있고 접근성이 있어 보이게 한다고 말해 주셨습니다.

Afterwards, I continuously told myself every morning that I looked more friendly and soft with my round face and eventually got to like my round face.

Now I believe that a positive mindset helps me overcome any of my weak points. How to have the right perspective is dependent upon how I think.

그 후에, 저의 둥근 얼굴이 더 친근하고 부드러워 보인다고 매일 아침마다 지속적으로 스스로에게 말을 하였습니다. 그리고 마침내 저의 둥근 얼굴을 좋아하게 되었습니다.

이제 긍정적인 마음가짐이 어떠한 결점도 극복할 수 있도록 도와준다고 믿습니다. 어떻게 생각하느냐에 따라서 사물과 사람을 다르게 볼 수 있게 한다고 생각합니다.

Q2

When were you most disappointed and what did you learn from the disappointment?

언제 당신은 가장 실망을 했고 그 실망으로부터 당신은 무엇을 배웠습니까?

What were your failures and what did you learn from the experiences?

당신의 실패는 무엇이었고 그 경험으로부터 무엇을 배웠습니까?

 Tips 인생을 살아오면서 가장 실망했거나 실패의 경험을 물어보는 질문으로서 경험했던 일에 대한 사례 위주로 이야기 하고 극복했던 방법과 그를 통해 배웠던 점을 소신 있게 이야기 하자.

 I have failed in an interview for an intern job in one of the biggest Hotel chains in Korea. I was really disappointed at myself by then because I had wanted to work in the service field during my school vacation. For a while, after the interview, I didn't even like to think about the interview. However, as time went by, I thought about the reasons why I had failed and I realized that I was too shy to express myself. Afterwards, I tried to make a presentation and make a speech in front of my classmates as many times as possible. Now, I'm quite confident in speaking in front of many people.

저는 한국에서 가장 큰 호텔 중의 한곳에서 인턴 직원 인터뷰에 실패한 경험이 있습니다. 학교 방학 동안에 서비스 분야에서 일하고 싶어했기 때문에 실망을 많이 하였습니다. 한동안 그 인터뷰 후에 인터뷰에 대해서 생각하고 싶지가 않았습니다. 하지만, 시간이 지나가면서, 실패한 이유에 대해서 생각을 하였고 제 스스로를 표현하는 데에 너무 소심했다는 것을 알게 되었습니다. 그 후에 저는 반 친구들 앞에서 프레젠테이션과 스피치를 가능하면 많이 하려고 노력하였습니다. 저는 이제, 많은 사람들 앞에서 말하는 것에 꽤 확신이 있습니다.

Q3

What is the worst situation you faced and how did you deal with it?

당신이 직면했던 가장 나쁜 상황은 무엇이었고 어떻게 극복했습니까?

Example 1

When I was a freshman in my college, I lived in Vancouver, Canada to learn English for one year. It was my first time to go overseas and live alone in a foreign country apart from my parents. In the beginning, I had a lot of difficulties since I didn't have any friends and couldn't understand most what they are talking about. But as time went by, I got to have many foreign friends who studied English together and spent some time together.

제가 대학에서 1학년 이었을 때에 영어를 배우기 위해서 캐나다, 밴쿠버에 1년 동안 살았습니다. 그것은 제가 외국에 가고 부모님을 떨어져서 살았던 처음 경험이었습니다. 처음에는 어떤 친구도 없었고 그들이 말하는 것의 대부분을 이해할 수 없었기 때문에 많은 어려움이 있었습니다. 하지만, 시간이 지나면서 함께 영어를 공부하고 시간을 보낼 수 있는 많은 외국 친구들을 사귀게 되었습니다.

I had studied English grammar and vocabulary very hard since middle school days, but I couldn't speak English fluently, which made me embarrassed. However, I was determined to speak it fluently and overcame the language barrier. Thus, I tried to watch local movies and dramas every day and socialize with some natives.

Now, I'm much more confident in communicating in English. Above all, I became more independent and open-mined about new people and foreigners.

I've learned that I could overcome the difficulties with my determination and efforts.

저는 중학교시절부터 영어 문법과 어휘를 열심히 공부해 왔으나 영어를 유창하게 구사할 수가 없었고 이것은 저를 더 당황스럽게 만들었습니다. 하지만 저는 영어를 유창하게 말하고 언어의 장벽을 극복하기에 단호하였습니다. 그래서, 매일 매일 현지 영화나 드라마를 보고 원어민들과 어울리려고 노력하였습니다. 이제 저는 영어로 의사 소통을 하는 데에 더 확신이 있습니다. 무엇보다도, 저는 더 독립적이 되었고 새로운 사람이나 외국인에게 더 마음을 열게 되었습니다. 저의 단호한 결심과 노력으로 어려움을 극복할 수 있다는 것을 배웠습니다.

How do you deal with stress (pressure)?

스트레스(압박) 상황을 어떻게 해결합니까?

I don't get stressed easily because I'm quite easy-going and positive. But when I get stressed, I usually talk about the situation with my parents or my friends who can understand. As I share the problems with them, I can get some advice or solutions and feel much more relieved and relaxed.

저는 쉽게 스트레스를 받지는 않는데 왜냐하면 저는 편안하게 생각하고 긍정적인 사람이기 때문입니다. 하지만 제가 스트레스를 받았을 때는 이 상황을 잘 이해하는 부모님이나 친구들에게 말을 합니다. 그들과 함께 문제를 나누면서, 조언이나 해결 방법을 얻을 수 있고 더 안정이 되고 편안해 집니다.

Q5

How would you deal with different opinions?

서로 다른 의견을 어떻게 해결하십니까?

여러 사람과 일하는 승무원은 서로 다른 의견으로 인해서 팀워크에 영향을 줄 수가 있다. 이러한 질문은 상대방과의 다른 의견을 어떻게 받아 들이고 팀워크를 이룰 수 있는가를 판단하기 위한 질문이다. 강하게 본인의 주장만을 강요하거나 이해 없이 상대방의 의견을 무조건 따르기 보다는 충분한 대화로서 좋은 의견을 따르는 자세가 중요하다.

When I have a different opinion, I first try to listen to others' opinion and express my opinion as fairly as possible.
I consider others' opinion carefully rather than just strongly insist myself.
Above all, I try to respect others' opinions and keep a good manner while we are sharing different opinions.

After enough conversation, I willingly accept others' if there are better opinions. Otherwise, I politely persuade others to accept my opinion. Above all, I think it is more important to end up accepting the best opinion whoever has suggested it.

제가 다른 의견을 가지고 있을 때, 우선 다른 사람의 의견을 듣고 그리고 가능한 공정하게 저의 의견을 표현합니다. 제 스스로를 강하게 주장하는 것보다 다른 사람들의 의견을 주의깊게 고려합니다. 무엇보다도 우리가 다른 의견을 공유하는 동안 다른 사람의 의견을 존중하고 좋은 매너를 갖추려고 노력합니다. 충분한 대화 후에, 만약에 더 좋은 의견이 있으면 저는 기꺼이 받아 들입니다. 그렇지 않다면 저의 의견을 받아들이도록 다른 사람을 정중하게 설득합니다. 무엇보다도 누가 제안을 했던지 최상의 의견을 받아들이는 것이 더 중요하다고 생각합니다.

Chapter 13

Role Playing Questions

이러한 질문은 주로 외국 항공사의 2차나 3차 질문에 물어 보는 질문으로서 일대일 면접 시에 물어 보기도 하지만 그룹토론을 할 때에 실제 승무원이 된 이후 부딪히게 되는 상황에 대한 질문을 던지고 다른 사람들과 의견을 나누도록 한다.

승무원은 예측 불허한 다양한 상황에 대처하기 위해서 적극적인 서비스 마인드가 필요하다. 면접관은 책임감이 있는지 일을 맡겨도 될 것인지, 주어진 일을 끝까지 성실하게 해나갈 성실성이 있는지를 평가하기 위하여 승무원이 되었을 때에 일어날수 있는 상황을 설정하고 답변을 기대하기도 한다. 기내 서비스 수행 시에 동료간의 협조는 승객들에게 편안함과 안전에 중요한 역할을 한다. 따라서 적극적인 의견을 피력하자.

Scenario Question: What would you do?

최근의 채용 인터뷰에서 기내에서 발생 가능한 상황을 제시하고 물어본다.

만약.. 승객이…… 한다면 어떻게 할 것인가?

실제 상황극(role play)을 구현하게 한다. 응시자는 영어뿐만 아니라, 승무원 역할까지 하므로 어려움을 느낄 수 있다.

역할연기는 지원자가 용모, 스피치, 서비스 마인드 등 어느 한 부분만이 아닌 서비스맨으로서 얼마나 준비되어 있는지를 종합적으로 판단하는 좋은 방법이다. 역할연기 상황은 승객이 아플 때, 커피를 쏟았을 때, 어린 승객이 소란을 피웠을 때, 등 다양한 상황들이다. 또한 역할연기는 주로 불만 승객 상대하기가 될 수 있으며 전문적인 지식보다는 상황에 따른 상식적인 판단 정도를 본다. 역할 연기를 통해서 상대방에게 호감이나, 임기응변 능력, 문제를 해결하는 순발력, 사고력, 재치 등이 주요 평가 요소가 된다.

당신의 상식에 근거하여 어떻게 대처 할지를 생각해 보도록 한다. 신속하게 해결하고자 하는 적극적인 태도를 업무에서 발휘할 수 있는지 의욕을 보려 한다.

사과한다 ➡ I'm sorry…   공감을 표시한다 ➡ I understand…   이유를 설명한다 ➡ That's because…

▶ **Safety related** 안전에 관계 된……

• 과도하게 음주한 승객   If a drunken passenger keeps asking for more alcohol, how would you deal with the situation?

• 화장실에서의 흡연   If there is a smoking passenger in the lavatory, what would you do?

• 안전벨트 착용을 원하지 않는 승객   If there is a passenger who doesn't want to fasten the belt, how would you handle him?

• 휴대용 전화기를 사용 하는 승객   If there is a passenger using a mobile phone, what would you do?

• 기체가 난기류 통과 시 기내를 걸어 다니는 승객   If there is s passenger who keeps walking around and rejecting to fasten the belt during the turbulence, what would you do?

▶ **Passenger related** 승객에 관계 된……

• 승객이 명함을 주었을 경우   If a passenger gives you his business card and keeps asking your contact number, what you are going to do?

• 계속해서 신체를 접촉하는 승객   If a passenger keeps touching your body, what would you do?

- 상위 클래스로 자리 이동 요구   If there is a passenger who wants to be upgraded to higher class, how would you handle him or her?

- 명백한 이유 없이 화만 내는 승객   If a passenger gets upset without clear reasons, what would you do?

- 유명인의 탑승   If there is a star or a famous person on board, what would you do?

▶ **In-flight service** 기내 서비스에 관계 된······

- 일등석 기내식으로 대체 하기를 원하는 승객   If an economy class passenger wanted to upgrade his or her meal to the one served in the first class, what would you do?

- 기내식에서 이물질 발견   If a passenger finds a foreign object in the meal, how would you handle the situation?

- 승객에게 음료를 엎질렀을 때   If you spilled a cup of hot beverage or juice to a passenger due to a sudden turbulence, what would you do?

- 승객이 다른 승무원의 태도에 대해서 불평 할 때   If a passenger complains about another crew's attitude, what would you do?

- 기내의 저온에 대해서 불평 할 때   If a passenger complains about the low temperature in the cabin, what would you do?

- 기내의 고온에 대해서 불평할 때   If a passenger complains about high temperature in the cabin, what would you do?

▶ Others 기타 질문들

• 동료와의 의견 대립 If you have some trouble with your colleague due to different opinions, what would you do?

• 승객이 물어 본다면…If a passenger asks……

✴ 1. Safety related 안전에 관계 된 상황 질문

If a drunken passenger keeps asking for more alcohol, how would you deal with the situation?

술에 취한 승객이 계속해서 알코올을 원한다면 당신은 어떻게 하겠습니까?

Tips

비행기 내에서 승객은 알코올을 섭취할 수 있다. 하지만 과도하게 알코올을 섭취하였을 경우, 본인의 신체 이상, 타인에게 해가 되는 행동 혹은 비행기에서 승객의 안전에 위협을 주는 행동을 할 수가 있으므로 알코올을 제공할 때는 과도하게 제공하지 않도록 하고 다른 승무원이 같은 승객에게 반복적으로 알코올을 제공하지 않도록 승무원 간의 커뮤니케이션이 상당히 중요하다. 승객이 화를 내며 계속 요구할 시에는 약하게 칵테일을 만들어서 제공하거나 승객에게 일정량 이상의 알코올을 제공할 수 없음을 정중하게 설명한다. 그럼에도 불구하고 무리하게 알코올을 요구할 시에는 기장에게 보고하고 항공사 규정에 따라서 단호하게 대처한다.

Drunken passengers can be a safety risk in –flight. I think one of cabin crew's responsibilities is to prevent an excessive drink for passengers. First, I would monitor passengers whether they have already drunken during their boarding. If I notice any drunken passengers on ground, I would report them to a ground personnel and other flight crews. An appropriate action toward to drunken passengers needs to be taken on the ground.

술에 취한 승객은 기내에서 안전 위험 요소가 될 수 있습니다. 승객이 과도하게 마시지 않도록 하는 것이 승무원의 의무 중에 하나라고 생각합니다. 우선, 승객의 탑승 시에 술에 취한 승객이 있는지를 모니터 할 것입니다. 만약에 제가 지상에서 술에 취한 승객을 발견하게 되면 지상 직원과 기장님께 보고를 할 것입니다. 지상에서 술에 취한 승객에 대해서 적절한 절차들이 이루어질 것입니다.

If a drunken passenger keeps asking for more alcohol in-flight, I would persuade him to slow down his drinking to avoid any mishap and would talk about this passenger to my colleagues not to serve excessive drink to the same passenger. I would be very firm to the drunken passenger because it causes any safety risk in flight.

만약에 술에 취한 승객이 비행 중에 알코올을 계속 욕구를 한다면, 승객에게 추후 불상사를 피하기 위하여 술을 천천히 섭취하도록 말할 것이고 동료들에게 같은 승객에게 과잉으로 술을 제공하지 않도록 말할 것입니다. 취한 승객이 기내에서 안전상의 위험을 가져올 수 있기 때문에 단호할 것입니다.

I would politely talk with the drunken passenger to slow down his request because he has already got drunk. I would lower the percentage of alcohol by mixing alcohol with water or ice. Also, I could offer another drink like orange juice, ice water, or some tea. I think helping him relax or sleep is the best way. Above all, it is necessary to inform other crews about the drunken passenger in order to avoid serving more alcohol to the same passenger.

승객이 이미 많이 드셨기 때문에 술을 요구 하는 속도를 늦추기 위해서 승객과 이야기를 나누겠습니다. 저는 물 혹은 얼음을 섞어서 알코올의 농도를 낮추겠습니다. 또한 오렌지 주스, 얼음물, 차와 같은 다른 음료를 제공해 드리겠습니다. 승객이 긴장을 늦추고 잠들게 하는 것이 최선의 방법이라고 생각합니다. 무엇보다도 취한 승객에게 추가 알코올을 제공하는 것을 피하기 위해서 해당 승객에 대해서 다른 승무원에게 보고 하는 것이 중요하다고 생각합니다.

Q2

If there is a smoking passenger in the lavatory, what would you do?

만약에 승객이 화장실에서 흡연을 한다면 어떻게 하겠습니까?

Tips

기내에서의 흡연은 화재의 치명적인 원인이 될 수가 있다. 특히 승객들은 타인의 눈을 피하여 화장실에서 담배를 피우는 경우가 있는데, 이는 화장실 휴지통 등에 불이 옮겨져 화재로 이어질 수가 있다. 승무원은 이러한 위험성을 알리고 안전 운항을 위해서 기내 흡연은 엄격하게 금지가 되져 있고 항공법에 따라서 기내 흡연이 엄격하게 금지되어 있음을 승객에게 단호하게 말한다. 또한 기내 책임자에게 반드시 보고를 한다.

화장실에서의 흡연 시에는 조종실과 메인 컨트롤 패널 등에 경고 알람이 켜짐으로 흡연이 이루어지는 화장실의 위치를 파악할 수가 있다.

If I notice a passenger smoking, I would tell him that he has to put the cigarette out immediately, since smoking on a flight can cause the safety risks and in-flight smoking is strictly forbidden for safety reasons. I would be polite but strongly firm regarding the safety matter. Also, I would make sure he doesn't smoke anymore. Also, I would check the surrounding area whether there is any fumes or a fire, and definitely report on the incident to the chief purser.

만약에 승객이 흡연하는 것을 알게 되면, 담배를 즉시 끄도록 말하고 기내에서의 흡연은 안전상의 위협을 불러 일으키고 안전상의 이유로 엄격하게 금지가 되어져 있다고 말할 것입니다. 저는 정중하게 말하되 안전상의 문제에 대해서는 아주 단호할 것입니다. 또한, 그가 더 이상 담배를 피우지 않도록 확실하게 할 것입니다. 또한 연기나 화재가 있는지 주변을 다시 확인할 것이고 사무장에게 이 상황에 대해서 분명히 보고 할 것입니다.

If I found a passenger smoking in the lavatory, I would ask the passenger to come out and thoroughly check the lavatory whether there is any smoke or fire. And I will firmly tell the passenger that smoking in the toilet is against the aviation regulations and safety matters, and that he should not smoke anywhere on the airplane. Also, I would immediately report on this case to the senior purser. I would keep an eye on him until the arrival of the destination.

만약에 승객이 화장실에서 담배 피우는 것을 발견한다면, 승객에게 즉시 나오도록 요구하고 화재나 연기가 있는지 화장실을 철저히 체크할 것입니다. 그리고 화장실에서의 흡연은 항공법에 위배 되고 심각한 안전의 문제가 되며, 항공기 어느 곳에서도 담배를 피워서는 안 된다고 단호하게 말할 것입니다. 또한 상급자에게 이 상황에 대해서 즉시 보고할 것입니다. 또한 목적지에 도착 할 때까지 그 승객을 계속 주시할 것입니다.

Q3

If there is a passenger who doesn't want to fasten his belt, how would you handle him?

만약에 승객이 안전벨트 착용하기를 원하지 않는다면 당신은 어떻게 하시겠습니까?

안전벨트 착용 사인이 들어 왔을 때 승객은 본인의 안선을 위하여 반느시 안전벨트를 착용하여야 함을 정중하지만 단호하게 말한다. 그럼에도 불구하고 안전벨트를 착용하지 않는 승객은 항공사 규정을 반드시 따라 줘야 함을 다시 한번 강조하고 반드시 모든 승객이 안전벨트를 착용하게 한다.

I need to be as polite as possible but should explain that all the passengers should fasten their seatbelt for safety reasons while the seatbelt light is on. However, if he insists not to fasten the belt, I would tell him that I would have to inform the security personnel and there might be repercussions upon the arrival.

저는 승객들에게 최대한 정중해야 하나 모든 승객들은 안전벨트 착용 사인이 켜졌을 때에는 안전상의 이유로 벨트를 착용해야만 한다는 것을 설명하여야 합니다. 하지만 만약에 승객이 안전벨트 착용을 거부 한다면, 승객을 보안 요원에게 보고 할 수밖에 없고 도착과 동시에 사후 조치가 이루어질 것이라고 말합니다.

Q4

If there is a passenger using a mobile phone during the flight, what would you do?

만약에 승객이 비행기내에서 전화기를 사용한다면 어떻게 하시겠습니까?

비행기에서의 개인 휴대용 전화기의 사용은 항공기 통신장애를 일으킬 수 있음으로 엄격히 금지가 되어 있다. 이에 비행기 이륙 전에 개인 휴대용 전화기 사용 금지에 대한 기내 방송 후에는 승객이 휴대용 전화기 전원을 끄도록 하고 사용하는 승객이 없도록 확인을 하여야 한다.

I think using the mobile phone should be strongly prohibited during the flight because it could cause some aviation communication obstacles. Thus, I would seriously tell the passenger to turn off his mobile phone throughout the flight and explain the safety regulations. If he keeps using it, I would inform my senior crew of this matter. I think that crew should not compromise with passengers regarding safety issues.

저는 비행 중에 휴대폰 사용은 항공 통신 장애에 영향을 미친다고 생각하기 때문에 강력하게 제한이 된다고 생각합니다. 그래서 승객에게 비행 동안에 휴대폰을 꺼 주시기를 승객에게 진지하게 말하고 안전 규정들을 설명할 것입니다. 만약에 승객이 계속 전화기를 사용한다면, 상급 승무원에게 이 상황에 대해서 보고 할 것입니다. 저는 승무원은 안전에 있어서는 승객과 타협하지 않아야 한다고 생각합니다.

⁑ 2. Passenger related 승객에 관계된……

If a passenger gives you his business card and keeps asking your contact number, what are you going to do?

만약에 승객이 당신에게 명함을 두고 당신의 연락처를 계속 욕구를 한다면, 당신은 어떻게 하시 겠습니까?

Tips

승무원이 공과 사를 구분하고 다양한 승객을 대할 때에 이성적으로 다가 오는 승객에 대응하여 전문인답게 대처할 수 있는지에 대한 질문이다. 개인적인 감정을 이입시키지 않고 승객이 기분 이 상하지 않게 하되 목적지까지 최선을 다해서 전문인답게 서비스 한다고 답변 하도록 하자.

I would express my appreciation to the passenger for giving me his business card. However, I would tell him that I cannot give him my contact number because I have a boyfriend. Moreover, I would be polite to the passenger and do my best to give him a good impression of our airline until the end of the flight with a professional manner.

승객분이 저에게 그의 명함을 준 것에 대해서 감사함을 표현할 것입니다. 하지만, 제가 남자 친구가 있 기 때문에 저의 연락처를 알려줄 수가 없다고 말할 것입니다. 무엇보다도, 승객에게 정중할 것이며 전 문인다운 매너로 비행의 마지막 순간까지 우리 항공사에 대한 좋은 인상을 주기 위해 최선을 다 할 것 입니다.

Q2

If a passenger asks you to go on a date, what would you do?

승객이 당신과 데이트를 신청한다면 당신은 어떻게 하겠습니까?

I think it would be nice to get a compliment from the passenger; however, it should not be more than the relationship of a flight attendant and a passenger during the flight. I would keep the professional manner while I'm on duty as a flight attendant. Thus, I would express my appreciation about his invitation but nicely refuse to go on a date. If he still wants my contact number, I would ask him to leave his business card instead of simply giving him my confidential number.

저는 승객에게 칭찬을 듣는 것은 좋은 일이라고 생각하지만, 비행 동안에는 승무원과 승객의 관계 이상은 아니어야 한다고 생각합니다. 승무원으로서의 업무 수행 동안에는 전문적인 매너를 유지할 것입니다. 그래서 그의 초대에 대해서는 감사함을 표명하나 데이트 하는 것에 대해서는 정중하게 거절을 하겠습니다. 만약에 그가 여전히 저의 전화 번호를 원한다면 제 개인 번호를 단순하게 주는 대신에 그의 명함을 남겨 놓으시도록 요청할 것입니다.

If a passenger asks me to go on a date, I would thank him but politely tell him that it is against our company regulations to go on a date with a passenger.

만약에 승객이 저에게 데이트를 원한다면, 감사하다고 말하나 정중하게 승객과 데이틀 하는 것은 회사 규정에 어긋남을 말씀 드리겠습니다.

If a passenger keeps touching your body, what would you do?

만약에 승객이 계속해서 당신의 신체 일부를 만진다면 어떻게 하시겠습니까?

Tips

먼저 기내에서 이러한 상황이 생기지 않도록 프로답게 행동하고 서비스 하는 것이 상당히 중요하다. 하지만 이러한 일이 생겼을 때는 승객이 기분이 상하지 않도록 하되 단호하게 말한다. 또한 승객이 이러한 행동을 하는 데에 어떠한 원인이 제공 되었는지를 되돌아 본다. 단호하게 하지 말라는 의사를 표현 했는데도 불구하고 신체를 만지거나 접촉하는 행동이 반복되거나 스스로 해결점을 찾지 못하면 동료 승무원이나 상사에게 꼭 말해서 회사 규정에 맞게 행동을 한다.

First, I would firmly tell the passenger that he/she can use the call button instead of touching me if he needs anything else. Afterwards, if he/she purposely keeps touching my body, I immediately inform one of my seniors and I should follow appropriate action according to the company guidelines.

처음에 승객에게 그가 무언가 필요하면 신체를 만지는 대신에 호출 버튼을 눌러 달라고 단호하게 말할 것입니다. 그 후에도 만일 그가 의도적으로 신체 부위를 만지는 것을 계속한다면, 즉시 상사에게 보고를 하고 회사의 절차에 맞게 적절한 행동으로 따를 것입니다.

If a passenger touches a part of my body and his intention seems obvious to sexually harass me, I would immediately tell the passenger not to touch me and it is not favored by anybody else. However, if there is another reason like dissatisfaction or dislike from my previous service given to him, I would politely apologize to him but tell him he should not express his emotion in that way, the physical contact under any circumstance.

만약에 승객이 저의 신체의 일부를 만지고 성적으로 희롱 하는 것이 분명하다면 저는 즉각적으로 승객에게 저의 몸을 만지지 말라고 말하고 어느 누구도 좋아하지 않는다고 할 것입니다. 하지만, 이전에 제공한 저의 서비스에 대한 불만족이나 싫음이 이유라면 그에게 정중하게 사과를 하고, 하지만 어떤 상황에서도, 신체적인 대응 방식으로 감정을 표현 하지는 않아야 한다고 말할 것입니다.

Q4

If there is a passenger in the economy class who wants to be upgraded to a higher class, how will you handle it?

만약에 승객이 상위 클라스로 이동을 원한다면 어떻게 하시겠습니까?

Tips

우선 승객에게 상위 클라스로 이동하려는 이유에 대해서 물어본다. 지상에서 승객이 상위 클라스로 이동을 원할 시에는 지상직원에게 보고 하여 정당한 항공 요금을 지불하고 상위 클라스로 이동을 할 수가 있다. 운항 중에는 항공사에 따라서 규정이 다르지만 대부분의 경우에 상위 클라스로 임의적인 이동은 불가하다. 하지만 일부 항공사에서는 기내에서 상위 클라스 요금을 더 지불한 후에 이동을 허용하는 경우도 있다.

Example 1

If a passenger wants to be upgraded to a higher class, first, I would ask the passenger whether there is any reason for him to be upgraded. If the reason is just to have a bigger seat, I would apology for the inconvenience and tell him that a seat in another class should be booked before the flight departure. Also, I would try to find out more comfortable seats in the same class. However, if he consistently insists to be upgraded to the higher class, I would inform my senior crew of this case.

만약에 승객이 상위 클라스로 업그레이드를 원한다면, 우선, 승객에게 업그레이드를 원하는 이유가 있는지를 물어 볼 것입니다. 만약에 이유가 단지 넓은 좌석을 원하는 것이라면 저는 불편함에 내해서 사과를 하고 다른 클라스의 좌석은 비행 출발 전에 예약 하여야 한다고 말할 것입니다. 또한 같은 객실에서 좀더 편한 좌석을 찾아 볼 것입니다. 하지만 승객이 지속적으로 상위 클라스로 업그레이들 원한다면 상사에게 말할 것입니다.

Q5

If a passenger gets upset without clear reasons, what would you do?

만약에 승객이 뚜렷한 이유 없이 화만 낸다면, 어떻게 하시겠습니까?

I would first try to find out the reasons why the passenger is upset. If he is angry due to our previous service, I would sincerely apologize for what he is angry about. I think I need to be calm and talk in a soothing voice and comfort the passenger as much as possible. Then, I would ask the passenger whether there is any way for me to help him stay more comfortable.

저는 우선 왜 승객이 화가 났는지 이유를 찾을 것입니다. 만약에 승객의 이전의 우리의 서비스 때문에 화가 났다면 화가 난 것에 대해서 진심으로 사과를 하겠습니다. 최대한 평정심을 갖고 부드러운 목소리로 이야기 하고 가능한 한 승객을 편안하게 해주어야 한다고 생각합니다. 그리고는 승객을 편하게 하기 위해서 제가 도울 수 있는 방법이 있는지를 물어 볼 것입니다.

I think it is very important for me to calm down first. I would not take it personally because I consider that he might not be upset with me and just need somebody to talk about his problems. I would listen to him/her attentively and look for the way I can help him. However, some of them might be reluctant to talk about the reason why he is so upset. In this case, I would not disturb him and leave him alone. And I'd rather serve him hot tea or beverage to make him relaxed.

제 스스로가 마음의 평정을 찾는 것이 중요하다고 생각합니다. 그가 나에게 화를 내는 것이 아니고 그의 문제에 대해서 말할 누군가 필요하다고 생각하기 때문에 저는 그것에 대해서 개인적으로는 받아 들이지 않을 것입니다. 그가 말하는 것에 주의 깊게 경청할 것이며 도울 수 있는 방법을 찾을 것입니다. 하지만, 왜 그가 화가 났는지 이유를 말하는 것을 꺼려 할 것입니다. 이러한 경우에는 그를 방해 하지 않을 것이며 조용히 있도록 하겠습니다. 그리고 긴장을 풀게 해주기 위해서 뜨거운 차나 음료를 제공해 드리겠습니다.

Q6

If there is a star or a famous person on board, what would you do?

만약에 기내에 유명한 스타나 사람이 탑승한다면 어떻게 하시겠습니까?

I think it is necessary to keep their privacy like other passengers. In order to avoid any fuss from other passengers, I would talk in a soft voice and serve them quietly. I would definitely avoid any embarrassing situations, like taking their autograph or a shot together unless they initiate to do so.

저는 다른 승객과 마찬가지로 그들의 프라이버시를 존중해주는 것이 중요하다고 생각합니다. 다른 승객으로부터의 어떤 소란함을 피하기 위해서, 작은 목소리로 그들에게 이야기 하며 조용히 서비스 할 것입니다. 그들이 먼저 요청하지 않는 한, 그의 사인이나 사진을 같이 찍는 등의 당황스러운 상황들을 당연히 피할 것입니다.

:: 3. In-flight service

Q1

If an economy class passenger wanted to change his/her meal to the one served in the first class, what would you do?

만약에 이코노미 클라스 승객이 일등석 기내식으로 바꾸기를 원한다면 어떻게 하시겠습니까?

First of all, I would ask the passenger about the reason why he/she wants to change it to the first class meal. If he/she has any special reason like having allergy to a certain food, a vegetarian, or any religious reason and so on, then, I would offer him any other meal choices in economy class.

Also, I would try to satisfy him/her with other items like fruit, cocktail, dissert and so on.

However, if he/she keeps asking for it, I would politely tell him/her that serving the other class meal is against the company's rule and consistently persuade him to choose any other selection of meal in the economy class.

저는 처음에 승객이 왜 일등석 식사로 바꾸기를 원하는지를 물어보겠습니다. 만약에 그가 특정 음식에 대한 알러지라든가, 채식가, 혹은 종교적인 이유나 기타의 이유가 있다면 이코노미 클라스에서 다른 선택들을 제공할 것입니다. 과일, 칵테일, 디저트 등의 다른 아이템으로 승객을 만족시키기 위해서 노력하겠습니다.

하지만, 만약에 승객이 지속적으로 그것을 요구한다면, 다른 클라스의 식사를 제공하는 것은 회사의 규정에 어긋난다고 말씀 드리고 이코노미 클라스의 다른 식사를 선택하도록 지속적으로 설득시키겠습니다.

Q2

If a passenger finds a foreign object in the meal, how would you handle the situation?

만약에 승객이 기내식에서 이물질을 발견 한다면 어떻게 하시겠습니까?

자주는 아니지만 가끔 기내식을 다루는 과정에서 이물질이 들어 갈 수가 있다. 무엇보다도 승객에게 진심으로 사과하고 기내식을 회수하여 갤리에서 이물질이 무엇인지를 섬임 승무원과 함께 확인하는 과정을 갖는다. 이때에 승객 앞에서 확인 하는 행동을 피하고 승객에게 기내식을 제공하고 최대한 승객의 기분을 존중하고 나머지 비행 동안 쾌적한 비행이 되도록 사후에도 더욱 신경써야 한다. 실수에 대해서 무조건 숨기려고 하지 말고 항공사측의 명백한 실수를 인정하고 진심으로 사과하고 대체를 제공하려는 적극적인 자세가 중요하다.

If a passenger finds any foreign object in his/her meal, I would sincerely apologize for the mishap and replace his/her meal immediately. Afterwards, I would figure out what it is and then make a report about this incident.

I would keep an eye on him/her until the end of the flight and make sure he has a pleasant flight for the rest of the flight with extra care. Above all, I think it is important for us to honestly admit our fault and to sincerely make up for this fault.

만약에 승객이 그의 식사에서 이 물질을 발견을 했다면 저는 이러한 실수에 대해서 진심으로 사과할 것이고 그의 식사를 대체해 드리겠습니다. 그 후에 그 이물질이 무엇인지를 밝혀내고 이것에 대해서 보고서를 쓰겠습니다. 저는 비행이 끝날 때까지 그에게 주시하고 더 많은 관심으로 남은 여행 동안에 그가 편안한 여행이 되도록 할 것입니다. 무엇보다도 우리의 실수를 솔직하게 인정하고 이 실수를 진실되게 만회하는 것이 중요하다고 생각합니다.

Q3

If you spilled a cup of hot beverage or juice a passenger due to sudden turbulence, what would you do?

만약에 당신이 갑작스러운 기류 변화로 인해서 뜨거운 음료나 주스를 승객에게 엎질렀다면 어떻게 하시겠습니까?

기내에서 승객에게 서비스 할 때에 혹은 갑작스러운 난기류 통과 시에 종종 음료를 엎지르는 일이 생긴다. 이때는 승객에게 정중하게 사과하고 빨리 닦아내는 등의 행동을 취한다. 특히 뜨거운 음료를 엎질러서 승객이 데었는지를 확인하고 차가운 수건이나 얼음을 이용하여 차갑게 시키도록 한다. 레드 와인, 주스 등의 색깔이 있는 음료를 흘렸을 때는 신속하게 닦아내고 얼룩이 많이 묻었거나 지워지지 않는 경우, 혹은 정중히 사과를 반복한 후에도 승객이 이로 인해서 화가 난 경우는 상사에게 말해서 회사에서 제공되는 세탁 쿠폰 등을 제공하므로 인해서 정중하게 보상할 수 있는 방법을 제시한다. 무엇보다도 이러한 실수를 미연에 방지하기 위하여 음료 서비스를 할 때는 항상 서비스용 트레이를 사용하도록 한다.

First of all, I would sincerely apologize for my mistake and check whether the passenger is ok or not. I would wipe the spill right away with a clean towel. If necessary, it would be a better way to supply him with a complimentary laundry coupon that he/she can use upon his/her arrival.
Afterwards, I would keep an eye on him to make sure pleasant flight for him until the end of the flight.

우선은 저의 실수에 대해서 진심으로 사과를 하고 승객이 괜찮은지를 확인하겠습니다. 깨끗한 타올로 얼룩을 신속하게 닦아내겠습 니다. 만약에 필요시에는 도착하면 쓸 수 있는 무료 세탁 쿠폰을 제공해 드리겠습니다. 그 후에도 비행이 끝날 때까지 손님에게 좋은 비행이 되도록 주시하겠습니다.

I would apologize to the passenger and get something to clean the stain right away. If it looks serious, I would ask the passenger whether he has any extra clothes to change while I clean the stain away. Also, I would inform that the airline has its complimentary dry cleaning service for the sake of passengers. Afterwards, I would tell this incident to my colleagues to avoid any other mishap.

저는 승객에게 사과를 하고 얼룩을 제거하기 위해서 필요한 것을 바로 가져 오겠습니다. 만약에 얼룩이 심각해 보이면 승객에게 제가 얼룩을 제거할 동안 갈아 입을 옷이 있는지를 물어 보겠습니다.

또한 항공사는 승객의 편의를 위하여 무료 드라이클리닝 서비스가 있다는 것을 알려드리겠습니다. 그 후에 동료들에게 알려서 더 이상의 실수가 일어나지 않도록 하겠습니다.

Q4

If a passenger complains about the low temperature in the cabin, what would you do?

만약에 승객의 객실의 낮은 온도에 대해서 불평을 한다면 어떻게 하시겠습니까?

비행기가 운항 시간이 길어지고 고도가 높아지면서 승객들은 일반적으로 추위를 느끼기가 쉽다. 이런 경우 다른 승객들도 기내가 춥게 느껴지는지를 확인하고 기내 온도 조절을 맡고 있는 선임 승무원에게 보고를 하고 온도를 조금 높게 해줄 것을 요청할 수 있다. 하지만 한 승객이나 일부 만이 춥다고 느낀다면 여분의 담요를 제공해 드리고 뜨거운 물이나 차 등을 제공한다.

First of all, I would apologize to the passenger for the inconvenience.

I would check whether the other passengers feel cold as well. If they are, I would inform about the low temperature to the senior crew who are in charge of controlling cabin temperature. But if he or she is the only one who feels cold, then, I would bring him a hot beverage and an extra blanket. And I would make sure the passenger's comfort.

우선, 승객에게 불편함에 대해서 사과를 하겠습니다. 저는 다른 승객들도 추위를 느끼는지를 확인하겠습니다. 다른 승객들도 추위를 느낀다면 객실의 온도를 컨트롤하는 선임 승무원에게 기내의 낮은 온도에 대해서 보고를 할 것입니다. 하지만 그(그녀)만 추위를 느낀다면 뜨거운 음료와 담요를 갖다 드리겠습니다. 그리고 승객이 편의를 도모하겠습니다.

If a passenger complains about high temperature in the cabin, what would you do?

만약에 승객이 기내의 높은 온도에 대해서 덥다고 불평한다면 어떻게 하시겠습니까?

Tips
우선, 승객에게 미안함을 표명하고, 다수의 승객이 캐빈의 온도가 높다고 느끼는지를 물어본다. 만약에 일부 승객만이 덥다고 느낀다면 차가운 물수건이나 차가운 음료를 추가로 제공해드리고, 혹시 몸의 상태가 안 좋아서 덥다고 느끼는지 승객의 상태를 주시한다. 하지만 많은 승객이 덥다고 한다면 즉시 상급자에게 보고하여 객실의 온도를 조금 낮추도록 한다.

I would apologize to the passenger for the inconvenience and check how other passengers feel. If he/she only feels it's hot, I'll bring him a cold towel or ice water. However, if many passengers around him feel the same; I would see if I could adjust the temperature in the cabin and inform this of other colleagues.

승객에게 불편함에 대해서 사과하고 다른 승객은 어떻게 느끼는지를 체크할 것입니다. 만약에 그 승객만 덥다고 느낀다면 저는 그 승객에게 차가운 타올이나 얼음 물을 갖다 드릴 것입니다. 하지만 그 주변에 있는 많은 승객들이 그렇게 느낀다면 객실의 온도를 낮게 할 수 있는지를 알아 보고 다른 동료들에게도 알릴 것입니다.

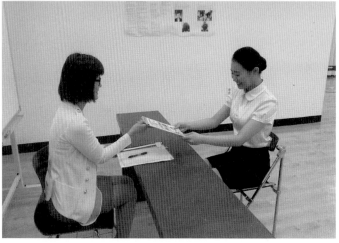

❖ 4. Others 기타 질문들

Q1

If a passenger wants to take a service item with them as a souvenir, what would you do?

만약에 승객이 기념품으로서 서비스 용품을 요구하면 어떻게 대처 하시겠습니까?

 Tips

간혹 승객이 기내의 서비스 용품을 요구 하는 경우가 있는데 예를 들어서 담요, 구명조끼, 기내 식의 용품 등이다. 이러한 기내 서비스 용품 등은 반출이 금지가 되어 있고 이를 공손하게 설명 드리고 대신 기내 기념품, 펜, 엽서, 칫솔 등의 아이템 등 선물로 줄 수 있는 아이템을 제공하도 록 하자!

 Example 1

I would tell the passenger that our service items are only for an in-flight use and introduce some airline souvenirs from in-flight duty free items. If they don't want to purchase any souvenir, I would offer them an in-flight complimentary item like a pen, a postcard, a playing cards and so on.

저는 승객에게 우리의 서비스 용품은 오직 비행을 위해서 사용된다고 말하고 기내 면세품목 중에서 기 념품을 소개 할 것입니다. 만약에 그들이 기념품을 구매하기를 원하지 않으면 펜, 엽서, 플레이 카드 등 기내 무료 용품을 제공해 드리겠습니다.

Q2

If a passenger wants to take an airline blanket, what would you do?

만약에 승객이 기내 담요를 반출하기를 원한다면 어떻게 하시겠습니까?

If I notice passengers taking blankets, I would stop them and politely explain that blankets are only for an in-flight use. However, if they can buy one from in-flight duty free shops, I would suggest them purchasing it. If not, I would offer them other in-flight souvenirs available.

만약에 승객이 담요를 가지고 내리는 것을 알게 되면, 그것을 멈추게 할 것이고 담요는 기내에서의 사용을 위함이라고 정중하게 설명을 할 것입니다. 하지만, 기내 면세품으로 살 수 있으면 그것을 구입하라고 제안을 하겠습니다. 그렇지 않으면 저는 다른 가능한 기내의 기념품을 제안하겠습니다.

Q3

If you have tension with a senior due to different opinion, what would you do?

만약에 서로 다른 의견 때문에 상사와 긴장이 있다면 어떻게 하시겠습니까?

First of all, I would attentively listen to his/her opinion and share the different opinions and reasons behind it. If I think their opinions are better for our team, I would willingly accept them. I strongly believe an open communication of flexibility to different opinions are the best way to have a good relationship and to relieve the tension among co-workers.

우선, 주의 깊게 그(그녀)의 의견을 듣고 서로 다른 의견과 그 이유들에 대해서 나눌 것입니다. 만약에 그들의 의견이 우리 팀을 위해서 더 좋다면 저는 기꺼이 그것들을 받아들이겠습니다. 저는 열린 대화와 다른 의견에 대한 융통성이 좋은 관계를 유지하고 동료들 사이의 긴장을 늦추는 데에 가장 좋은 방법이라고 생각 합니다.

I usually tend to take advice in a modest way. If I have some tension with a senior, I would ask to speak to her alone and share our different opinions or point of view. Above all, I think I need to be attentive to him/her. I would not want to have any tension or conflicts because we need to work together for a long time as a team.

저는 보통 겸손하게 의견을 받아들이는 경향이 있습니다. 만약에 상사와 긴장이 있다면, 그녀에게 조용히 말하기를 요청할 것이고 우리의 다른 의견과 관점에 대해서 나눌 것입니다. 무엇보다도, 그녀(그)에게 귀 기울일 필요가 있다고 생각합니다. 우리는 팀원으로서 오랫동안 함께 일해야 하기 때문에 저는 어떤 긴장이나 충돌을 원하지 않을 것입니다

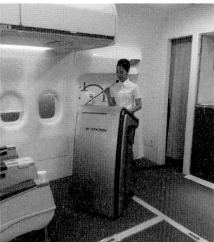

Chapter 14

In-flight Announcement

Tips

방송 문 읽기

❶ 평소 말할 때보다 한 톤 올리고 읽는 연습을 한다.
❷ 입가에 미소를 머금고 읽는 연습을 해야 목소리가 밝게 나온다.
❸ 영어 방송을 읽을 시에는 어색하게 발음을 굴리지 않는다.
❹ 또박또박 읽지 않고 연음에 유의해서 의미 단위로 읽는 연습을 한다.
❺ 항공사의 이름, 편명, 이륙, 착륙 시간, 목적지 등 중요 어휘를 또박또박 한 박자 천천히 읽는 연습을 한다.
❻ 자신 있는 목소리로 차분하고 경쾌하게 읽는다.

☑ Boarding Announcement 탑승 안내

Ladies and gentleman

This is the announcement for flight <u>CX 489</u> bound for Hong Kong.

Boarding will take place according to the seat numbers shown on the boarding cards. You are asked to proceed through the gate until these numbers are called. Thank you.

Your attention, please, <u>Cathay Pacific</u> Airlines announces the departure of flight <u>CX 489</u> for Hong Kong. Those with first-class tickets, small children, or needing assistance, please board at this time. Our staff is ready to assist you.

We will call for other passengers in a few minutes. Thank you for flying <u>Cathay pacific</u> airlines today.

Business class passengers holding boarding cards (boarding pass) with seat numbers between rows 10 to 20 are requested to board now.

Economy class passengers holding boarding cards (boarding pass) with seat numbers between rows 40 to 60 are requested to board now.

승객 여러분, 홍콩 행 <u>CX 489</u> 편에 대한 안내 방송입니다.

탑승은 여러분의 탑승권에 써 있는 좌석 번호 순으로 탑승 예정입니다. 승객 여러분께서는 좌석번호가 호출될 때에 탑승구로 와주시기 바랍니다. 감사합니다.

승객 여러분께 알려드립니다. <u>캐세이 퍼시픽</u> 항공에서 홍콩 행 <u>CX 489</u>의 탑승 안내를 해드리겠습니다. 일등석 승객, 어린아이를 동반한 승객, 도움이 필요하신 승객은 지금 탑승하여 주시기 바랍니다. 저희 직원들이 기꺼이 도와 드리겠습니다.

저희는 몇 분 후에 곧 다른 대기 승객들을 위해서 좌석 번호를 호출하겠습니다. <u>캐세이 퍼시픽</u> 항공을 이용해 주셔서 감사합니다.

비즈니스석 좌석번호 10번에서 20번의 탑승권을 소지하신 승객께서는 지금 탑승하여 주시기 바랍니다.

이코노미석 좌석번호 40에서 60번의 탑승권을 소지하신 승객께서는 지금 탑승하여 주시기 바랍니다.

Ladies and gentlemen.
This is <u>Korean</u> Air flight, <u>KE 230</u> bound for <u>Bangkok</u>.

We are now just (a few/ _____) minutes away from an on-time departure.

Please make sure that your carry-on items are stored in the overhead bins, or under the seat in front of you.

Also, please take your assigned seat and fasten your seat belt. Thank you.

신사 숙녀 여러분. 이 비행기는 <u>대한</u> 항공, Flight <u>KE 230</u> 방콕 행의 비행기입니다.

저희 비행기는 곧 (_____ 몇 분 후에) 이륙 예정입니다.

승객 여러분께서는 선반 위나 의자 밑에 휴대용 짐을 잘 보관하여 주시기 바랍니다.

또한 지정된 좌석에 앉으셔서 안전벨트를 착용하여 주시기 바랍니다.

Good morning (afternoon/ evening). Ladies and gentlemen.

On behalf of Captain <u>Dong-Woo Lee</u> and the entire crew, welcome aboard <u>Asiana Airlines</u> flight, <u>OZ 456</u> bound for <u>Singapore</u>.

Our flight time will be <u>3</u> hour(s) and <u>30</u> minute(s).

Please make sure that your seat belt is fastened/ and return your seat back and tray table to the upright position.

All electronic devices must be turned off during take-off and landing.

Please remember that smoking in the cabin and lavatories is not permitted at any time throughout the flight.

We hope you enjoy your flight with us.
Thank you for flying <u>Asiana Airlines</u>, a Star Alliance member.

승객 여러분 안녕하십니까?

<u>이동우</u> 기장님과 전체 승무원을 대신해서 <u>아시아나 항공, OZ 456 싱가포르</u> 행의 승객 여러분의 탑승을 환영합니다.

싱가포르까지의 비행시간은 <u>3시간 30분</u>이 걸릴 예정입니다.

지금부터 승객 여러분의 안전을 좌석 벨트를 매셨는지 확인해 주시기 바랍니다. 또한 등받이와 테이블은 제자리로 해주시기 바랍니다.

비행기 이착륙시에 모든 전자 제품의 사용은 엄격히 금지되어 있습니다.

아울러 비행기 이착륙시나, 항해 중에는 기내나 화장실에서의 흡연은 엄격히 금지되어 있습니다. 여행 중 도움이 필요하시면 언제든지 저희 승무원을 불러 주시기 바랍니다.

승객 여러분께서 편안한 여행이 되시기를 바라며, Star Alliance member, <u>아시아나 항공</u>의 탑승에 감사 드립니다.

Good morning (afternoon/evening), ladies and gentleman.

Captain <u>Kim Gill-Soo</u> and all of our crew members are pleased to welcome you on board <u>Korean Air</u>, <u>a member of Sky Team alliance</u>.

This is flight <u>KE 567</u>, bound for <u>Singapore</u>.

Our flight time today will be about <u>4</u> hours and <u>30</u> minute(s).

During the flight, our cabin will be happy to serve you in any way we can.

We wish you an enjoyable flight. And please direct your attention for a few minutes to the video screens (cabin crew) for safety information. Thank you.

승객 여러분 안녕하십니까?

<u>김길수</u> 기장님과 저희 승무원 전원은 <u>스카이팀 얼아이언스 멤버</u>, <u>대한항공</u>의 탑승을 환영합니다.

이 항공기는 <u>싱가포르까지</u> 가는 <u>대한항공 567</u>편입니다.

예정된 비행시간은 약 <u>4시간 30분</u>입니다.

비행 동안 우리 승무원은 여러분을 최상으로 정성껏 모시겠습니다. 즐거운 비행이 되시기를 바라며 기내 안전 정보를 위해서 잠시 <u>화면(승무원)</u>을 주목해 주시기 바랍니다. 감사합니다.

3-3 Welcome 환영 인사 - 캐세이 퍼시픽 항공

Good morning, ladies and gentleman.

Captain Kim Sang Soo and the entire crew would like to welcome you aboard <u>Cathay Pacific</u> flight, <u>CX 788</u> bound for Jakarta.

Our flight time will be <u>3</u> hours <u>55</u> minutes following take off,

Please make sure your seatbelt is fastened.

And please return your seat back and tray table to upright position.

The use of electronic device including a mobile phone is not allowed during take off and landing.

Smoking in the cabin and lavatories is prohibited at all time during the flight.

We are pleased to have you on board today and will do our best to serve you. Thank you.

승객 여러분 안녕하십니까? <u>김상수</u> 기장을 포함하여 전 승무원은 <u>자카르타</u>까지 가는 <u>캐세이 퍼시픽</u> 항공, <u>CX788</u>편에 탑승해 주신 승객 여러분의 탑승을 환영합니다.

비행 시간은 <u>3시간 55분</u>으로 예상하고 있습니다.

안전 위해서 좌석 벨트를 매셨는지 확인해 주시기 바랍니다.

비행기, 이착륙시에, 휴대 전화를 포함한 모든 전자 제품은 사용 하실 수 없습니다.

비행 중에는 화장실과 기내에서 흡연이 금지되어 있습니다.

여행 도중에 도움이 필요하시면 언제든지 저희 승무원을 불러 주십시오. <u>자카르타</u>까지 편안한 여행이 되시길 바랍니다. 감사합니다.

Ladies and gentleman.

Our cabin pressure is controlled for your comfort. Should it change at any time during the flight, an oxygen mask will automatically fall from the unit above your seat. If this happens, pull down the mask and place it firmly over your mouth and nose. Secure the mask with the strap as the attendants are demonstrating. Continue to breathe normally, until you are advised that the oxygen masks are no longer required.

In preparation of ditching, a life vest is located under your seat. To put the life jacket on, slip it over your head. Take the strap and put it around your waist, then fasten. Tighten your jacket by pulling the strap. Do not inflate your jacket until you have left the aircraft. The jacket is automatically inflated by pulling their tags, and if necessary, by blowing into this tube.

A detailed safety instruction card may be found in the seat pocket in front of you. Thank you.

신사숙녀 여러분

저희 비행기는 승객의 안락을 위해서 기압이 적절하게 유지가 됩니다. 비행기의 기압이 달라질 경우 기내에 산소 공급이 필요할 때는 머리 위 선반 속에 있는 산소마스크가 자동적으로 내려옵니다. 이때는 마스크를 잡아당기고, 입과 코에 맞게 쓰신 후에 끈을 머리에 맞게 조여 주십시오. 승무원들이 시범을 보여드리는 것처럼 마스크를 안전하게 착용해주시기 바랍니다. 착용 후 산소 마스크가 더 이상 필요하지 않을 때까지 정상적인 호흡을 하시기 바랍니다.

바다에 내렸을 경우에 대비하여 구명복이 좌석의 밑에 준비되어 있습니다. 구명복을 착용하실 경우에는 머리 위에서부터 입으시고 끈을 허리에 감으신 후, 단단히 매주시기 바랍니다. 끈을 잡아 당겨서 구명복을 조여주시기 바랍니다. 기체를 떠나기 전까지는 구명복을 부풀리지 말아 주십시오. 앞에 있는 손잡이를 당기시면 부풀어지며, 만약 부풀지 않을 경우에는 튜브를 통해서 불어주시기 바랍니다.

좌석 앞의 주머니에서 안전 수칙 카드를 참조하시기 바랍니다. 감사합니다.

 5 Take - Off 이륙

> Ladies and gentleman, We'll be taking off shortly.
>
> Please make sure your seat belt is securely fastened.

승객 여러분, 저희 비행기는 곧 이륙하겠습니다.

좌석 벨트를 메셨는지 다시 한번 확인해 주시기 바랍니다.

 6 Seat Belt Sign Off 안전벨트 착용 사인이 켜짐

> Ladies and gentlemen.
> The captain has turned off the seat belt sign.
> In case of any unexpected turbulence, we strongly recommend you keep your seatbelt fastened at all times while seated.
>
> Please use caution when opening the overhead bins as the contents may have shifted (during the flight).

> For more information about service available on this flight, please refer to the ***Morning Calm*** magazine in your seat pocket.

승객 여러분. 지금부터 좌석벨트 착용표시등이 꺼져 이동하실 수 있습니다만, 예상치 못한 기류 변화로 비행기가 갑자기 흔들릴 수 있습니다. 또한 안전을 위해 좌석에 앉아 계실 때는 좌석 벨트를 매어 주십시오.

선반의 보관함을 여실 때는 선반 위의 물건이 떨어지지 않도록 조심하여 주시기 바랍니다.

이번 비행에서 가능한 서비스에 대한 정보를 알기 위해서는 좌석 앞 주머니의 Morning Calm 잡지를 참고해 주시기 바랍니다.

 7 In-flight Service Plan 기내 서비스 안내

> Ladies and gentleman.
> This is in-flight service manager, <u>Soo-young Kim</u> speaking.
>
> For your comfort and safety, there are <u>18</u> flight attendants on board today.
>
> Now, we would like to tell you about our services for today's flight.
>
> In a few minutes, we'll be serving cocktails and soft drinks, followed by (lunch/dinner/breakfast/ a snack).
>
> The in-flight duty free sales will begin after the meal service.
>
> And a movie will be presented for your entertainment.
>
> <u>Three</u> hours before arriving in <u>London</u>, (lunch/dinner/ breakfast/ a snack) will be served.

For further details about service procedures, please refer to your in-flight magazine page <u>30</u>.

If you need any assistance, please let us know anytime.

Once again we wish you have a pleasant flight. Thank you.

승객 여러분 안녕하십니까? 저는 캐빈 서비스 매니저 <u>김수영</u>입니다.

오늘 승객 여러분의 쾌적하고 안전한 여행을 위해서 18명의 승무원이 탑승하고 있습니다.

승객 여러분께 오늘의 비행을 위한 기내서비스를 소개해 드리려고 합니다.

잠시 후에 저희는 칵테일과 음료 서비스에 이어서 (점심/ 저녁/아침/ 스낵)을 제공해 드리겠습니다.

기내 면세품 판매는 식사 후에 진행되겠습니다.

그리고 1편의 영화를 상영해 드리겠습니다.

<u>런던</u> 도착 <u>3시간 전</u>에 (점심/ 저녁/아침/ 스낵)이 제공 될 예정입니다.

제공되는 서비스에 대한 자세한 사항은 기내용 잡지, <u>30</u> 페이지를 참조하여 주시기 바랍니다.

도움이 더 필요 하시면 항상 저희 승무원에게 알려 주시기 바랍니다.

다시 한번 즐거운 여행이 되시기를 바랍니다. 감사합니다.

 8 In - flight Duty Free Sales - Order from 면세품 판매주문 받기

Ladies and gentleman.
In a few minutes, we'll begin our sales of duty free sales.

If you like to purchase any items, Please fill out the order form in your seat pocket and give it to your cabin crew. Thank you.

승객 여러분, 잠시 후 저희는 면세품 판매를 시작하겠습니다.

면세품을 구입하고자 하시는 승객 분은 좌석 앞 주머니에 있는 판매주문서를 작성하신 후 승무원에게 전달하여 주십시오. 감사합니다.

9 In - flight Duty Free Sales - Sales from the cart
면세품 판매대에서 판매

> Ladies and gentleman.
> In a few minutes, we'll begin our sales of duty free sales.
>
> If you'd like to purchase any items, please let us know as the cabin crews pass by your seat with the duty free sales cart.
>
> For further information about our in-flight duty free items, please refer to the in-flight magazine in the seat pocket in front of you.

승객 여러분, 잠시 후에 저희는 면세품 판매를 시작하겠습니다.

면세품을 구입하시고자 하는 승객 분은 면세 판매대가 지나갈 때에 말씀하여 주시기 바랍니다.

면세품에 대한 더욱 많은 정보는 좌석 앞 주머니의 면세 잡지를 참고하여 주시기 바랍니다. 감사합니다.

10 In - flight Entertainment - Movie 기내 오락프로그램 - 영화소개

> Ladies and gentleman.
> In a few minutes, we'll be showing you a movie titled "Best friends".

Please turn to channel 2 for English /or 3 for Korean.

I hope you in-flight movie. Thank you.

승객 여러분, 저희는 잠시 후에 "<u>Best friends</u>"라는 제목의 영화를 보여 드리겠습니다.

영어는 채널 2에서, 한국말은 채널 3에서 들으실 수 있습니다.

즐거운 영화시간이 되시기를 바랍니다. 감사합니다.

 11 Turbulence 기류 변화

Ladies and gentleman,
The captain has just turned on the seat belt sign, since we are expecting some turbulence.

Please fasten your seat belt and keep it fastened until the captain turns off the seat belt sign.

Also, passengers traveling with children, please make sure their seat belts are securely fastened. Thank you.

승객 여러분, 불안정한 기류 관계로 인해서 기체 흔들림이 예상되므로, 기장께서 방금 안전벨트 착용 사인을 켜셨습니다.

승객 여러분께서는 좌석에 앉으셔서 안전벨트 착용 사인이 꺼질 때까지 모두 안전벨트를 착용하여 주시기 바랍니다.

또한 아이를 동반한 승객께서는 안전벨트가 안전하게 착용되어 있는지 확인하여 주시기 바랍니다. 감사합니다.

12 Headsets collection - Before landing 헤드 셋 회수

Ladies and gentleman.
We hope you have enjoyed our in-flight entertainment.

Our cabin attendants will be colleting your headsets. Your cooperation will be much appreciated.

승객 여러분, 승객 여러분께서 기내 오락프로그램으로 즐거운 시간을 가지셨기를 바랍니다.

저희 승무원들이 헤드셋을 회수하겠습니다. 협조해 주시면 감사하겠습니다.

13 Entry Information 입국 정보 주기

Ladies and gentleman (Transit)

Upon entering <u>Los Angeles</u>, please have your entry documents ready.

Passengers having more than one thousand US dollars or the equivalent in foreign currency must declare that amount on the customs form.

Those passengers with connecting flights are also required to pick up all your personal belongings when you deplane and proceed to the transit area.

All your checked baggage will be transferred to your connecting carrier by <u>Asiana Airlines'</u> ground staffs. Thank you.

승객 여러분,

로스엔젤레스 공항에 도착하시면, 필요한 입국 서류를 준비하시기 바랍니다.

US 1,000 달러나 그에 상응하는 외화를 소지하신 승객께서는 세관 신고서에 신고를 하셔야만 합니다.

연결 편 비행기에 탑승하셔야 하는 승객 분께서는 비행기에서 하기 하실 때에 모든 휴대품을 소지하신 후 환승 대기실로 이동하여 주시기 바랍니다.

승객 여러분의 위탁 수하물은 아시아나 항공 지상직원에 의해서 연결 편 항공기에 자동 탑재됩니다. 감사합니다.

 14 Entry Information - Declaration in Korea 한국에서 입국신고

All nationalities are required to fill out both a customs form and an arrival card before entering Korea. Each family is required to fill out each customs form but passengers who have baggage arriving on another aircraft or by ship must fill out two customs forms.

After claiming your baggage at Inchon International Airport, passengers must proceed through either the green or red customs inspection lines.

If you have more than 10,000 US dollars or the equipment in foreign currency, you must report the amount on the customs form and pass through the red lines.

For further information, please contact your flight attendant. Thank you.

한국으로의 입국 시에는 모든 분이 입국 신고서와 세관 신고서를 작성하여야 합니다. 세관신고서는 가족당 1 매씩만 작성하시면 되나, 짐을 다른 항공편이나 배편으로 부치신 분께서 2장을 작성하시기 바랍니다.

인천 국제 공항에서 짐을 찾으신 후 신고 품목이 없으신 승객께서는 초록색 선의 검열 대를, 신고품목이 있으신 승객께서는 붉은색 선의 검열 대를 통과하여 주시기 바랍니다.

미화 10,000 불 이상에 해당하는 외화를 소지하신 분께서는 세관 신고서에 신고하신 후 붉은색 선의 검열 대를 통과하여 주시기 바랍니다.

문의 사항이 있으신 승객께서는 저희 승무원을 불러 주시기 바랍니다.

15 Arrival time delayed 도착 지연

Ladies and Gentlemen,
May I have your attention, please?

We are sorry to announce that our Flight SQ 230 from Singapore to Seoul arriving at 13:30 P.M. will be delayed due to heavy snow (heavy rain, strong winds, dense fog).

The estimated new arrival time will be 14:30 P.M (A.M.) We appreciate for your understanding.

신사 숙녀 여러분, 잠시 안내 말씀 드리겠습니다.

싱가포르에서 서울까지 가는 저희 비행기 SQ 230은 오후 13:30에 도착 예정이었으나 폭설(폭우, 강풍, 짙은 안개)로 인해서 지연이 예상됩니다.

새로운 도착 예정 시각은 14:30분입니다. 승객 여러분의 양해에 감사를 드립니다.

16 Descending 기체 하강

Ladies and Gentlemen, We are now making our descent to <u>London Heathrow airport</u>.

Please return to your seat and fasten your seat belt.

Also, return your seat back and tray table to the upright position.

We would like to ask you to open the window shade nearest you.

Please make sure all of your bags are stowed in the overhead bins, or under the seat (in front of you).

All electronic devices should be turned off. Thank you.

신사 숙녀 여러분 저희 비행기는 <u>런던 히드로</u> 공항으로 하강을 시작하였습니다.

부디, 좌석으로 돌아가셔서 안전벨트를 메어 주시기 바랍니다.

또한, 좌석 등받이와 개인용 테이블을 제자리로 돌려 주시기 바랍니다.

좌석 가까이의 창문의 블라인드를 열어 주시기 부탁드립니다.

모두 휴대 짐은 머리 위 선반이나 좌석 앞 의자 아래에 보관하여 주시기 바랍니다. 또한 모든

전자 제품은 꺼주시기 바랍니다.

17 Taxing 착륙 후 비행기 움직임

Ladies and gentleman,
The local time now is <u>11</u> O'clock in the morning.

For your safety, please remain seated until the captain has turned off the seat belt sign.

Be careful when opening the overhead locker, and check that you have not left any items behind. Thank you.

신사 숙녀 여러분, 현재 현지 시간은 아침 11시입니다.

승객 여러분의 안전을 위해서 안전벨트 착용 사인이 꺼질 때까지 좌석에 앉으셔서 안전벨트를 매어 주시기 바랍니다.

머리 위의 선반을 여실 때는 주의해서 열어 주시고, 휴대품을 두고 내리시지 않도록 주의하여 주시기 바랍니다. 감사합니다.

 18 Landing & Farewell - On time 정시도착과 작별 인사

Ladies and gentleman.
Welcome to <u>Frankfurt International</u> airport.

The local time here in <u>Frankfurt</u> is <u>6:40 A.M</u> in the <u>morning</u> (afternoon/evening) on <u>Monday</u> the <u>2nd</u> of <u>June</u>.

For your safety, please keep your seat belt fastened until the captain turns off the seat belt sign. Refrain from using your mobile phone until you exit the plane.

When opening the overhead bins, please be careful of contents that may have moved during the flight. Also, please make sure that there are no items left in your seat pocket or under your seat.

On behalf the entire crew, we would like to express our sincere thanks to all of you for flying <u>Lufthansa</u> Airlines, a Star Alliance member. We hope to see you again, soon.

승객 여러분, 편안한 여행이 되셨습니까? 저희 비행기는 지금 프랑크프르트 공항에 도착하였습니다.

이곳의 현재 시각은 <u>6</u>월 <u>2</u>일 오전(오후) <u>6</u>시 <u>45</u>분입니다.

승객 여러분의 안전을 위해 안전벨트 착용이 꺼질 때까지 좌석 벨트를 매고 계시고, 휴대전화는 비행기에서 내리실 때까지 전원을 꺼 두시기 바랍니다.

비행기가 완전히 멈춘 후, 머리 위 선반을 여실 때에는 안에 있는 물건이 떨어져 다치지 않도록 주의해 주시고, 기내에 두고 내리는 물건이 없는지 확인하여 주시기 바랍니다.

스타 얼라이언스, <u>루프트한자</u> 항공을 이용해 주신 승객 여러분께 진심으로 감사 드리며, 승객 여러분을 또다시 만나 뵙기를 기원합니다. 감사합니다.

 18-1 Farewell - Korean Air 작별 인사 - 대한항공

Ladies and gentleman. Welcome to Hong Kong.

We have landed at Hon Kong International Airport. The local time is now <u>3:30 P.M.</u> (month) (date), and the temperature is <u>5</u> degrees Celsius (Fahrenheit).

Thank you for being our guests today. We hope that if future plans call for air travel, you will consider <u>Korean Air</u>, a member of <u>Sky Team alliance</u>, for all your travel needs. Have a nice day.

승객 여러분, <u>홍콩 국제 공항</u>에 오신 것을 환영합니다.

우리 비행기는 막 홍콩 <u>국제 공항</u>에 도착했습니다. 지금 이곳은 ＿＿＿＿ 월 ＿＿＿＿ 일 오전 / 오후 <u>3</u>시 <u>30</u> 분이며 기온은 섭씨(화씨) 5도입니다.

오늘도 저희 항공사와 함께 해 주셔서 대단히 감사합니다. 승객 여러분께서 추후에 여행을 하실 때에도 저희 <u>스카이 팀 멤버인</u>, <u>대한 항공</u>과 여행하여 주시면 감사하겠습니다. 좋은 하루 되시기를 바랍니다.

 19 Landing (After Delayed) & Farewell 비행기 지연 & 작별인사

Ladies and gentleman,
We have landed at <u>Hong Kong</u> international airport.

The local time here in Hong Kong is 8:30 A.M. in the morning (afternoon/evening) on Tuesday the 24th of March.

We are very sorry for the delay. Today, we are delayed about <u>30</u> minutes due to dense fog (heavy rain, heavy snow, strong winds) in <u>Inchon international airport.</u>

For your safety, please remain seated until the seat belt sign is off. When you open the overhead lockers, be careful as the contents may fall out.

Also, please have all your belongings with you when you leave the aircraft. We hope you have a pleasant trip to your final destination.

Thank you for flying <u>Asiana</u> airlines, a member of ONE WORLD worldwide alliance, and we look forward to seeing you again soon.

승객 여러분, 저희 비행기는 지금 <u>홍콩</u> 국제 공항에 도착하였습니다.

이곳의 현재 시각은 <u>3</u>월 <u>24</u>일 목요일 오전(오후) <u>8</u>시 <u>30</u>분입니다.

저희 비행기가 <u>인천 공항</u>의 짙은 안개(폭우, 폭설, 강풍)로 인하여 약 <u>30</u>분 정도 지연이 된 점에 대해서 승객 여러분의 양해를 바랍니다.

승객 여러분의 안전을 위해 안전벨트 착용이 꺼질 때까지 좌석 벨트를 매고 기다려 주시고, 비행기가 완전히 멈춘 후, 머리 위 선반을 여실 때에는 안에 있는 물건이 떨어져 다치지 않도록 주의해 주십시오.

또한 기내에 두고 내리는 물건이 없는지 확인하여 주시기 바랍니다. 마지막 목적지까지 즐거운 여행이 되시기를 바랍니다.

ONE WORLD 일원인 <u>아시아나 항공</u>을 이용해 주신 승객 여러분께 진심으로 감사 드리며, 승객 여러분을 또 다시 만나 뵙기를 기원합니다. 감사합니다

20 Deplaning 비행기에서 승객 하기

Ladies and gentleman. Thank you for waiting.

You may now exit through the door in the front and please make sure to take all of your belongings with you when you exit.

We wish you a pleasant day and thank you once again for flying <u>Cathay Pacific Airways</u>.

승객 여러분 기다려주셔서 감사합니다.

지금부터 앞쪽의 문으로 내려 주시고 내리실 때에는 다시 한번 잊으신 물건이 없는지 확인하여 주시기 바랍니다.

좋은 하루가 되시기를 바라며 다시 한번 저희 <u>캐세이 퍼시픽</u> 항공을 이용해 주셔서 감사 드립니다.

Chapter 15

Interview English Qwestions

I. 입사지원서

:: 영어 자기 소개 지원서 형식

외국 항공사의 경우 서류 전형 시에 자기 소개서를 한국어 영어로 쓰도록 요구하는 경우가 많다. 이때에 성장 배경 등은 장황하지 않게 짧게 구술하고 본인의 성격 특성, 장점, 학교 활동이나 일한 경력 등 승무원으로 채용 시에 도움이 될만한 이력이나 특이 사항 위주로 쓰도록 하자.

 Example 1 성장 배경, 봉사 활동, 직업 경험 위주

 자기소개

My name is Kim Ah Hyun. I'm a sophomore in Seoul university and my major is Aviation service. I've lived with my happy family. However, when I was young, I had some difficulties facing to my family. My father had to quit his company and my mother got seriously ill. But our neighborhood gave us great help. I couldn't forget their kindness and assistance.

저는 김아현입니다. 서울대학의 2학년이고 저의 전공은 항공서비스 학과입니다. 저는 가족들과 행복하게 살고 있습니다만, 제가 어렸을 때에 가족들에게 직면한 어려움을 겪었습니다. 아버지는 회사를 그만 두어야 했고, 어머니는 많이 아프셨습니다. 하지만 저의 이웃들께서 큰 도움을 주셨고, 저는 그들의 친절과 도움을 잊을 수가 없습니다.

After that, I've helped others who are in trouble. So, I've often visited an old people's home and an orphanage, and assisted them. When I was a high school student, my teacher told me that I would be suitable for the flight attendant job because I am very warm-hearted and care for others, first.

그 후로 저는 어려움에 처해 있는 다른 사람을 돕게 되었습니다. 그래서 양로원과 고아원을 자주 방문 하였고 그들을 도와 왔습니다. 제가 고등학교 재학 시에 선생님께서는 제가 따뜻한 마음을 가지고 있고 다른 사람들을 먼저 돌보기 때문에 승무원이라는 직업이 맞을 것 같다고 하셨습니다.

Also, I worked as a waitress in Hyatt Hotel restaurant during my school vacation, where I learned a lot of service skills and became service-minded to provide the best service for the customers.

또한, 학교 방학 동안에 하이야트 호텔 레스토랑에서 웨이츄레스로 일했는데, 그곳에서 다양한 서비스 스킬을 배웠고 고객에서 최상의 서비스를 제공하기 위한 서비스 마인드를 갖게 되었습니다.

I understand that flight attendant jobs are to give help and assist people in-flight with nice and professional manners. I could help people happily and comfortably with service skills and manners that I acquired. If I become a member of your company, I will make all my efforts and willingness for your airlines. Above all, I'm sure I'll enjoy and take pride in working as a flight attendant of your world-wide airlines.

승무원이라는 직업은 기내에서 좋고 전문적인 매너로 사람들을 보조해주고 도움을 주는 일이라고 알고 있습니다. 제가 습득한 서비스 기술과 매너로서 사람들을 행복하고 편안하게 만들 수 있을 것입니다. 만약에 제가 귀사의 일원이 된다면, 귀사를 위해서 저의 모든 노력과 성심을 다 할 것입니다. 무엇보다도 저는 세계적인 귀 항공사의 승무원으로서 자부심을 가지고 일하고 즐길 것입니다.

Example 2
자기소개

 성격, 대학 전공, 취미, 근무 경험

My nickname is 'BOGUS' called by my friends. Because my personality is positive and friendly, I have always been a warm-hearted friend to my friends. When I was young, I grew up in the rural area and my characteristics became very social and cooperative.

친구들에 의해서 불려지는 저의 별명은 '보거스'입니다. 제 성격이 긍정적이고 친근하기 때문에 제 친구들에게 항상 따뜻한 마음을 가진 친구입니다. 제가 어렸을 때에 시골에서 자랐고 저의 성격은 사교적이고 협동심을 가지게 되었습니다.

My major, aviation service is very interesting and practical major. I have taken various courses such as airline service practical, airline ticketing& reservation, international service manners, and various foreign languages like English, Chinese and Japanese. I believe that my major would be a big help when I work as a flight attendant for your company.

저의 전공, 항공서비스는 매우 흥미롭고 실용적인 전공입니다. 항공서비스 실무, 항공 예약 발권, 국제 서비스 매너, 그리고 영어, 중국어, 일본어와 같은 다양한 외국어 과목들을 이수하였습니다. 제 전공이 귀 항공사의 승무원으로서 일할 때에 큰 도움이 되리라고 생각합니다.

I have a lot of hobbies. In the morning, I love getting up early and going for a run and walk. Also, I enjoy climbing up the mountains with my family on weekends. I'd like to always keep these hobbies for my health and good physical conditions.

저는 다양한 취미가 있는데, 아침에 일찍 일어나 뛰고 걷기 위해서 나갑니다. 또한, 주말에 친구들과 산에 오르는 것을 좋아합니다. 건강과 좋은 체력을 유지하기 위해서 이러한 취미들을 항상 유지하고 싶습니다.

I had to handle many difficult situations while I was working as a waitress in a restaurant. At first, I didn't know how to handle them and felt a bit embarrassed. However, I became confident in serving various customers and dealing with difficult situations. Customers looked much happier and appreciated when I gave satisfying services to customers with my warmth and sincerity.

제가 레스토랑에서 웨이츄레스로서 일할 때에 많은 어려운 상황들에 대처해야만 했습니다. 처음에, 어떻게 극복할지를 몰랐고 약간 당황스러웠습니다. 하지만, 다양한 사람들을 서비스 하는 데에 자신감을 가지게 되었고 어려운 상황들을 잘 다룰 수 있게 되었습니다. 저의 따뜻함과 진실로서 고객들에게 서비스를 할 때에 고객들은 더 행복하게 보였고 더 감사해 했습니다.

I believe I'm well-qualified with the Airline service field from my job experience and my major, Aviation service. I will certainly give passengers the best service based on my service experience from my heart. Above all, I'm sure I'll take the pride as a flight attendant of your airlines. If I become a member of your company, I'll be a dedicated and loyal cabin crew contributing to your company's reputation. Thank you.

저는 직업 경험과 저의 전공, 항공서비스로 인하여 항공서비스 분야에 자질이 잘 갖추어져 있다고 생각합니다. 제 마음으로부터 서비스 경험을 바탕으로 승객에게 최상의 서비스를 제공하겠습니다. 무엇보다도 귀 항공사의 승무원으로서 자부심을 가질 것입니다. 만약에 제가 귀 회사의 일원이 된다면, 귀사의 평판에 기여하는 헌신적이고 충직한 승무원이 되겠습니다. 감사합니다.

Example
3
자기소개

취미 생활, 여행 경험

I'm Kim Ji-Hyun graduated from Seoul Women's University. I'd like to describe myself very energetic and social person. I can get along with others even at the first time and people say I'm comfortable to be with.

저는 서울 여자 대학을 졸업한 김지현입니다. 제 스스로를 아주 에너지가 넘치고 사교적인 사람이라고 표현하고 싶습니다. 저는 처음에 만났을 때 조차도 다른 사람들과 꽤 잘 어울리고 사람들은 저를 편한 사람이라고 말합니다.

I've liked to dance since middle school days. After I entered the college, I joined a college dancing club where I learned how to dance together with others and eventually led the dancing team. When we attended the dancing contest at the college festival, maintaining a good teamwork with other team mates was very important. Good team work helped to us perform well and our team could finally become the winner.

저는 중학교 때부터 춤추는 것을 좋아하였습니다. 대학에 들어간 후에는 저는 대학 댄싱 클럽에 들어갔는데 그곳에서 다른 사람들과 함께 춤추는 것을 배웠고 마침내는 댄싱팀도 이끌게 되었습니다. 대학 축제에서 댄싱 컨테스트에 참여를 하였을 때 팀 일원들과 좋은 팀워크를 유지하는 것이 매우 중요하였습니다. 좋은 팀워크는 공연을 잘하도록 이끌었고 마침내 우리 팀은 수상을 할 수 있었습니다.

Also, I worked in a cosmetics shop during my college vacation. While I was working there, at first I didn't know how to deal with irritable customers and felt a bit embarrassed. However, I gradually became to be confident in dealing with difficult customers and situations. I realized that they looked much happier and deeply appreciated, and often became returning customers, when I gave satisfying services to customers with my warmth and sincerity.

또한 저는 대학 방학 동안에 코스메틱 샵에서 일하였는데, 처음에 까다로운 승객을 어떻게 응대해야 하는지를 몰랐고 약간 당황이 되었습니다. 하지만 점차 어려운 고객들과 상황을 다루는 것에 확신을 갖게 되었습니다. 저의 따뜻한 마음과 진실로서 고객들에게 만족스러운 서비스를 주었을 때에, 그들은 더욱 행복해 보였고 깊이 감사했으며, 재방문 고객이 되었다는 것을 깨달았습니다.

When I traveled to London last time, I was quite impressed by the service given by the flight attendants. They gave us warm and comfortable service during the whole flight with their bright smiles. Although it was such a long time, I was not bored thanks to their nice services so I even enjoyed the flight very much. Even when flight attendants served foreign passengers, they could serve them well with their fluent English and a professional manner.

Afterwards, I have admired the job of flight attendant a lot and dreamed to become a professional flight attendant like them.

지난번 제가 런던으로 여행을 할 때에, 승무원의 서비스에 꽤 감동을 받았습니다. 그들은 저에게 그들의 밝은 미소로 비행 동안에 따뜻하고 편안한 서비스를 해 주었습니다. 비록 긴 시간이었지만, 그들의 좋은 서비스로 지루하지 않았고 오히려 비행을 즐겼습니다. 심지어 그들이 외국인을 서비스 할 때에도 유창한 영어와 전문인다운 매너로 서비스할 수 있었습니다. 그 후에 저는 승무원이라는 직업에 대해서 더욱 칭찬을 하게 되었고 그들처럼 전문인다운 승무원이 되기를 꿈꿔 왔습니다.

I believe all my experiences will help me to become a professional cabin crew with a deep understanding about passengers. If your company chooses me as a flight attendant, I'm ready to contribute myself to your world-widely recognized airlines. Thank you.

저의 모든 경험들이 승객에 대한 깊은 이해로 전문인다운 승무원이 되는 데에 도움이 될 것이라고 믿습니다. 만약에 귀사에서 저를 승무원으로서 뽑는다면, 전세계적으로 알려져 있는 당신 항공사에 기여할 준비가 되어있습니다. 감사합니다.

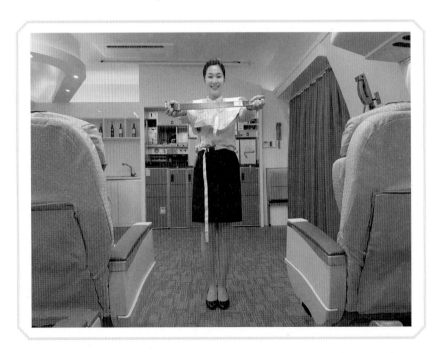

II. 항공사별 기출문제

∷ 1. 대한항공 Korean Air(KE)

Q1 What did you do last night?

Q2 What color do you like?

Q3 What do you usually do on holidays?

Q4 If a passenger can't speak English or Korean and speaks a strange language to you, what will you do?

Q5 Can you tell me about your university life?

Q6 What did you learn from your major?

Q7 What Do you think a good flight attendant?

Q8 Where do you want to introduce to the foreigner who visits Korea?

Q9 What kind of cabin crew would you like?

Q10 If you become a flight attendant, where would you like to go first? and why?

Q11 What do you have to offer our Airline?

Q12 Tell me about your personalities.

Q13 What do you think of woman's smoking?

Q14 What kind of movie do you like?

Q15 What is the personal definition of service of your own?

Q16 What is the most important thing in your life?

Q17 How would you deal with it when your co-worker disagree with your opinion?

Q18 What do you usually do to stay healthy?

Q19 Have you ever studied abroad?

Q20 How can you explain Bibimbop to foreign passengers?

Q21 What is your favorite food?

Q22 How can you explain Mak-gul-li to foreign passengers?

✂ 2. 아시아나 Asiana Airlines(OZ)

Q1 Do you think you are a responsible person ?

Q2 Do you expect you will be satisfied with this filed?

Q3 How do you keep yourself healthy?

Q4 What do your parents think that you want to be a flight attendant?

Q5 How to enjoy bibimbap?

Q6 Did you have breakfast today?

Q7 What do you usually do to stay healthy?

Q8 What did you major in?

Q9 What kind of flight attendant are you aiming at?

Q10 If a passenger has a cold, what would you do?

❖ 3. 캐세이퍼시픽항공 Cathay Pacific Airways(CX)

〈Individual Question〉

Q1 How do people around you consider about you?

Q2 Can you speak another language apart from English?

Q3 Have you ever been to Singapore?

Q4 What have you prepared for this interview?

Q5 How have you studied English?

Q6 What kind of role would you like to take, once you enter our company?

Q7 Do you work in team better, or alone?

Q8 How would you handle a situation where one passenger complained about the passenger next to him for snoring too loudly?

Q9 Why do you think passengers take their frustration out on the cabin crew, even though the crew is trying to help them?

Q10 Why do you want to work for us?

Q11 How would you handle if you have a trouble with your colleague while working?

Q12 Would you like to tell more about your current Job?

Q13 What is a sense of responsibility required as a flight attendant?

Q14 Why haven't you applied to other Airlines?

Q15 Why do you want to work for Cathay Pacific?

Q16 Have you ever flown with another Airline?

Q17 What do you think about the job of flight attendant?

Q18 If you live in Hong Kong by yourself, you would feel lonesome. How could you overcome it?

Q19 Why do you want to become a flight attendant?

Q20 Tell us something about Cathay pacific which you've known.

✷ 4. 싱가폴항공 Singapore Airlines(SQ)

Q1 Which place would you like to recommend in Korea?

Q2 Have you seen any movies lately?/what was the most impressive movie you've seen so far?

Q3 What is your birthplace famous for? Tell me something about your birthplace.

Q4 Why did you apply to Singapore airlines ?

Q5 What's your favorite color?

Q6 What did you do over the weekends?

:: 5. ANA항공 All Nippon Airways(NH)

Q1 What was your favorite subject?

Q2 What is the most impressive movie you've watched?

Q3 Tell me about yourself within 5 minutes.

Q4 What kinds of sports do you like and why?

Q5 What is the real service mind?

Q6 Do you prefer to work alone or as a member of a team?

Q7 Have you been to Japan?

Q8 Have you been abroad?

Q9 How do you practice your English skill?

Q10 Why do you want to be a flight attendant?

Q11 What do you think of your English?

Q12 What did you major in?

Q13 What is your motto?

Q14 What is your strength?

Q15 What are you qualification?

Q16 What did you normally do during summer or winter vacation?

Q17 Why have you applied to ANA?

Q18 What is the most precious thing to you?

Q19 Have you ever been a member of a club during school days?

Q20 What was your first impression of ANA?

Q21 Would you please tell us about the advantages and disadvantages of the job of flight attendant?

Q22 Please tell us about your interest about Japanese Culture.

Q23 Please tell us about the distinct features of ANA.

Q24 What experience do you have for this job?

Q25 Tell me about famous Japanese food.

Q26 What do you do on weekend?

Q27 What does your father do?

✈ 6. 루프트한자 Lufthansa(LH)

⟨Common Question⟩

Q1 What do you think about the job of flight attendant?

Q2 Who did you hekp your make-up for today?, Do you like it? You need to do make up by yourself from now on, can you do it on your own?

Q3 Please introduce about yourself.

Q4 Have you applied to other Airlines? And what are some differences from our Airline?

Q5 Tell us about the difficulties which you have faced in your previous job and how did you overcome those?

Q6 Why do you want to become a flight attendant?

Q7 What is your favorite food?

Q8 Do you want to be a flight attendant or join Lufthansa?

Q9 Tell us something about Germany?

Q10 That's all the questions I have for you. Do you have any questions or something to add up?

〈Individual Question〉

Q1 Have you ever been to Europe?, If you've been to Frankfurt, how was it?

Q2 You need to reside in Frankfurt after you are hired, is it alright for you?

Q3 Which one do you choose among all applicants except you?

Q4 Though you are working for a job, Why do you want to change to another job?

Q5 Are you nervous? Why don't you wear a smile?

∷ 7. 핀 에어 Fin Air(AY)

Q1 Have you ever received an advice from anyone?

Q2 How do you release your stress?

Q3 What is the most important thing in your life?

Q4 Tell me about Finnair.

Q5 Tell me about Finland.

Q6 If your boyfriend says, quit your job, what would you say?

Q7 Recommend any place to visit in korea.

Q8 Are you a risk-taker?

Q9 Are you a challenger?

Q10 Are you patient? Give me an example.

Q11 Tell me about your hobby.

Q12 Tell about the most demanding customer you've experienced.

Q13 Tell me about your childhood.

Q14 What is the most important qualification for a cabin crew.

Q15 What are you going to do if you see your boyfriend seeing some other girl?

Q16 What influences the choice of your job?

✣ 8. 중국동방항공China Eastern Air(MU)

Q1 Would you please tell me about your working experience?

Q2 What was the most difficult thing until you come here?

Q3 What do you like to do after this interview?

Q4 What movie have you recently watched?

Q5 Why do we need to hire you?

Q6 Do you normally listen to your friends or talk to them?

Q7 Why do you think China Eastern Air is different from other Airlines?

Q8 Do you know what teamwork is?

Q9 Why did you go abroad to study English?

Q10 What is your weakness?

Q11 What is your strength?

Q12 How do you release your stress?

Q13 When do you normally get stress at work?

Q14 You look too thin, is it ok to work as a flight attendant?

Q15 What time did you arrive here?

Q16 How did you come here today?

Q17 How do you feel now?

Q18 Why have you chosen your previous job which looks irrelevant to your major?

Q19 Please sell yourself(PR)?

Q20 Have you ever used China Eastern Air?

Q21 Tell us about the way to relieve stress?

Q22 What have you done after you graduation?

Q23 How do you explain about 'Love' to a five year old kid?

Q24 Why have you applied to China Eastern Air?

Q25 Please tell us about the news that you watched today or yesterday.

Q26 What is your favorite color?

Q27 Tell us about your present workplace?

Q28 What do you think that China Eastern Air considers most the apparence of applicants?

Q29 What is your expected salary and why do you think so?

Q30 What are the disadvantages of being a flight attendant?

Q31 When do you want to get married? and Do you like to keep working as a flight attendant even after your marriage?

Q32 Why have you applied to China Eastern Air among many other Airlines?

Q33 What do you think the service is?

Q34 Have you ever got upset while working in the service industry?

Q35 What are your worries recently?

Q36 What do you want to choose, if you get through both China Eastern Air and Emirates at the same time?

Q37 What is your bad temper?

Q38 How have you studied English?/How do you evaluate your English ability?

Q39 How have you dealt with a difficult task?

Q40 Do you have another working experience?

❖ 9. 중국남방항공 China Southern Airlines(CS)

Q1 Tell us about your weakness?(bad temper)

Q2 What are you going to choose, if you succeed in both Emirates and China Southern Airlines?

Q3 Have you ever got upset while working on the service field?

Q4 How would you deal with the customer who is mad at you?

Q5 Why have you applied to this position though your major is irrelevant?

Q6 Why do you want to become a flight attendant?

Q7 What is your family situation?

Q8 Do you have any hobbies?

Q9 Why did you choose our company?

Q10 What is important to you in a job?

Q11 What are your greatest strengths?

Q12 How do you spend your leisure time?

Q13 Please tell us about your personality.

Q14 How have you studied English so far and How do you evaluate your English ability?

Q15 Please tell us the difficult task you've faced with and How did you overcome it?

Q16 Have you ever experienced another job?

Q17 Why have you chosen your previous job which looks irrelevant to your major?

Q18 What is the weather like today?

Q19 What can you do well on this job, such as service minded or your advantages?

Q21 What do you normally do after work?

Q20 What do you worry about these days?

Q22 Tell us about your hobbies?

:: 10. 에미레이트 항공 Emirates(EK)

Q1 If your senior is younger than you, What would do?

Q2 Do you work better by yourself or in a group?

Q3 Since your graduation, many years have passed. do you have any special reason?

Q4 What is the value of foreign travel?

Q5 Do you have overseas experience?

Q6 What is your relationship with your parents like?

Q7 If you have a chance to go abroad, where do you want to go?

:: 11. 카타르Qatar Airways(QR)

Q1 What is the most important skill required by a member as an airline cabin crew?

Q2 Would you describe yourself as outgoing or more reserved?

Q3 What personal characteristics are necessary for success in your chosen field?

Q4 What makes you angry?

Q5 what is your favorite social networking website?

Q6 what is the meaning of true friendship?

Q7 Have you ever been to abroad?

Ⅲ. 토론 및 개별 질문 기출문제(외국항공사 면접 질문)

❖ 1. Questions for qualifications for cabin crew
승무원 자질 관련의 질문

Q1 What kind of abilities are needed to become a flight attendant?

Q2 How many foreign languages can you speak?

Q3 Do you speak English well?

Q4 How did you study English?

Q5 This job requires a lot of traveling. Do you think you are healthy enough to travel a lot?

Q6 How do you maintain yourself healthy?
What do you do to keep your heath?
What kind of exercise do you do to keep your health?
What do you do to keep yourself on good condition?

Q7 How would you take care of yourself if you felt airsick during a flight?

Q8 Why should we hire you?

Q9 What is the most important thing to be a flight attendant?

Q10 Why do you think you're suitable person being a flight attendant?

Q11 Can you work under pressure?

Q12 What ability do you have for working in English speaking environment?

Q13 What is the top priority in getting a job?

❖ 2. Service - minded 서비스 마인드 관련 질문

Q1 What do you think of service?

What is your own definition of service?

Q2 What is more important, in-flight service or safety?

Q3 What kind of characteristics are most important as a flight attendant? tell us three things.

Q4 When is the most hardest time in your life?

Q5 What is your strong point and is it suitable for this position?

Q6 Do you like working alone or as part of a team?

❖ 3. Airline related 항공사 관련 질문

Q1 How come did you learn about job openings in this city?

What have you made to apply to our company?

Why have you applied to our company?

Q2 What do you know about our company?

Could you tell us about the image of our company?

Could you tell us about some information related to our company?

Q3 Would you tell me something about my country?

Have you ever been to our country?

Q4 What do you think of the flight attendants as a job?

Q5 If you are employed, how long are you going to work for our Airlines?

⁘ 4. Characteristics of applicants 성격관련 질문

Q1 What would you say about your strong and weak points?

Q2 Do you easily get familiar with people who you don't know before?

Q3 If you make a mistake in- flight, what would you do first?

Q4 What kind of first impression do you think other people have on you?

Q5 Do you usually become a leader or a follower while you are with somebody?

Do you usually lead people or follow other's opinion while you are together with people?

Q6 Who do you respect most? And why?

Q7 What thing do you never share with friends?

Q8 What will you do after interview?

Q9 What makes you depressed?

⁘ 5. Related to your resume 이력서에 관련된 질문

Q1 Please tell us about something about yourself?

Q2 What is your major in your college?

Q3 Is there any reason you choose your major?

why did you choose this major?

Q4 Were you satisfied with your decision, your major?

Q5 If you have, please tell us about your voluntary experience (voluntary service)?

Q6 Could you tell me some more about your job background?

Would you please tell us about your job experience?

Q7 What is your current job position?

Q8 Have you ever experienced scheduled work?

Have you ever worked shift job?

Q9 Have you ever received bad feed back from your co-works?

Q10 How long have you been working there?

Q11 What was your duty?

✻ 6. Make a decisions or solutions 그룹별로 결정하고 문제 해결하기

Q1 What do you think about woman's smoking?

Q2 What will you choose among money, job, and credit ?

Q3 Please choose 3 cities, you don't like to visit and like to visit? and why?

Q4 If you are a flight attendant, how would you care for Jim, 7 years old and traveling alone to Chicago?

Q5 What are three important things for friendship?

Q6 What are three important things for your life?

Q7 What are the thing you are afraid of except bugs?

Q8 Make a birthday party for your deaf friend.

Q9 Think of five items you would take in order to survive for a year in an isolated island.

Q10 Choose one member in your group. Who would you like to choose as a winner for this position, and what are the reasons?

Q11 Why do you think there are more female flight attendants than male flight attendants?

Q12 What do you think about plastic surgery?

Q13 What kind of food you don't like to try in your life?

Q14 If you happen to have one billion dollars, what would you do with them?

Q15 Choose 10 jobs you would like to take to a new planet to survive?

Q16 Suppose that you are throwing a party with your friends, if you can invite a celebrity, who would you invite?

Q17 Talk about three nationality you don't want to stay together as a roommate except your own? and why?

Q18 One of your passenger is a house keeper and goes back to her homeland. She looks poor, thirsty and tired. You may choose 10 special in-flight services for her.

Q19 Make a slogan and design a new uniform for our Airlines.

Q20 What are the three difficult things you might have after leaving your own country?

∷ 7. Group Discussion 그룹 토론 주제

Q1 Do you think computer game has a negative effect on children's behavior?

Q2 Do you think the children need to be taught sex education during school days?

Q3 Find the solution how you would distribute 4 in-flight toys or fun packs to 8 kids on board.

Q4 How is your public image different from private one?

Q5 Do you agree that rich countries need to pay more to save the environment?

Q6 Should rich countries be required to share their wealth with poor countries?

Q7 As technology is making communication easier in the modern society, many people choose to work at home with their own computer. Do you think what kind of dangers may occur when people depends on computer screens rather than face-to face contact as a communication tool?

Q8 Is doing a lottery a good idea?

Q9 Many students choose to attend schools or universities outside their homeland. Do you think is it necessary to go abroad?

Q10 Most of high level jobs are occupied by men. Do you agree that the government needs to encourage a certain percentage of these jobs to be reserved for woman?

Q11 Do you agree that retirement age need to be compulsory at the age of 65?

Q12 The best way to reduce the number of traffic accidents is to make all young drivers first accomplish a safe driving education course before licensed to drive. How do you think about this idea?

Q13 Going overseas for college or language courses may offer some advantages, however, it is probably better to stay home country because going overseas may bring them to have some difficulties, like culture differences and languages barriers. what do you think about this issue?

Q14 Do you think woman are usually better parents than men? and why?

Q15 If Children behave badly, should their parents accept responsibility and also be punished?

Q16 Do you think it is right to use animals for scientific experiments?

Q17 Do you think the children need to learn more foreign languages in the future?

Q18 If the doctor told you that you only have few months to live, how would you like to spend the rest of your life?

Q19 Do you think the internet makes people much closer together in the world?

Q20 Would modern technology like internet ever replace the book or the written words as the main source of information?

Q21 What are the main factors related to academic success for high- school students?

Q22 Tourism is becoming increasingly important as a source of revenue to many countries but they may face some disadvantages, What do you think some disadvantages and problems of tourism are?

Q23 People are becoming more dependant on computers for their business, getting informations, communications and so on. Is this dependance on computers a good things or should we be more suspicious of their benefits? Use specific examples and details in your answer?

Q24 Do you think the zoo is necessary for the children's education?

Q25 Damage to the environment is an inevitable consequence of worldwide improvement in the standard of living. Discuss the advantages and disadvantages of giving international aid to poor countries?

Q26 What do you think about international marriage?

Q27 If you were the ingredient of a salad, what you like to be, and what are the reasons?

Q28 What would you like to change the most in your life?

Q29 What are the pros & cons (For and against) of teamwork?

Q30 Talk about any cultural differences between Korean & other foreign countries.

Q31 If you got a chance to born again what gender would you like to choose?

Q32 What difficulties might you face in-flight as a flight attendant and how you will deal with those?

Q33 If you had a power that can change anything, what would you do?

Q34 If your group is going to open a restaurant. Decide what kind of restaurant will you open?. Please elect a boss among yourselves, and why?

Q35 Make a pair, interview each other for five minutes and introduce your partner to the group. You must include what your partner likes or doesn't like.

Reference

유정선(2015). 승무원되는 항공서비스 영어(Airline Service English). 대왕사.

유정선 (2016). 항공관광실무영어 (Airline and Tourism English). 대왕사.

김유미(2012). 스튜어디스 합격비밀 노트, 밝은누리.

김화진 · 홍미진(2011). 항공사 승무원 합격을 부르는 영어 인터뷰. 새로미.

박기혁 · 양혜연 · 김민지 공저(2011). 승무원 영어면접. 배움.

박혜정 (2007). 스튜어디스 면접. 백산출판사.

박혜정 · Scott J. Covery (2008). English Interview for Stewardess (스튜어디스 영어 인터뷰). 백산 출판사.

저자약력

유 정 선

The University of Hull (영) 경영학 석사
The Hong Kong Polytechnic University (홍) 호텔관광경영학 석사
경기대학교 관광전문대학원 관광학 박사
캐세이퍼시픽항공, 일등석 사무장(홍콩 주재)
홍콩국제공항 캐세이퍼시픽항공, Ground Assistant Staff
국제미용·건강총연합회(국제법인) 뷰티관광모델 심사위원
현) 호서대학교 사회과학대학 항공서비스학과 교수

E-mail : sunnyyoo@hoseo.edu

승무원이 되는 항공 인터뷰 영어

초판1쇄 인쇄 2015년 3월 5일
2판1쇄 인쇄 2018년 3월 5일

저　　　자 유 정 선
펴 낸 이 임 순 재
펴 낸 곳 (주)한올출판사
등　　　록 제11-403호
주　　　소 서울시 마포구 모래내로 83(성산동, 한올빌딩 3층)
전　　　화 (02)376-4298(대표)
팩　　　스 (02)302-8073
홈페이지 www.hanol.co.kr
e - 메 일 hanol@hanol.co.kr
I S B N 979-11-5685-625-2